사랑은 즐거워
시는 대단해

일러두기
본문 속 외래어 표기는 국립국어원 외래어 표기법에 준했으나,
일부는 말맛을 위해 현지 발음이나 통용 표기를 따랐습니다.

시집사의 시집 산책

배동훈 지음

사랑은 즐거워
시는 대단해

포르체

시는 사랑을 가능케 하고,
사랑은 시를 완성시킨다

여는 말

온 마음을 쏟아도 되지 않는 일투성이었다. 말도 제대로 붙이지 못했던 고등학교 때 짝사랑이 그랬고, 어머니가 새벽 기도까지 나가며 합격을 기원했던 대학교의 낙제가 그랬다. 매일 가장 먼저 미술 학원에 등원해 건물 보일러를 가동하고, 늦게까지 홀로 남아 그림을 그렸지만 내 실기 점수는 언제나 B+였고, 단기 아르바이트로 벌었던 푼돈을 모아 손에 넣은 명품 재킷은 몇 년 전 플리마켓에 기부했다. 손을 벌벌 떨며 합격 창을 눌러 보았던 최종 합격 페이지의 달콤함은 출퇴근 2호선 지옥철의 답답함으로 대체되었다. 무엇부터 잘못되었을까 생각해 보면 아무것도 잘못되지 않았다는 것만이 사실이었다. 내가 쏟는 마음의 양은 결과와 정비례하지 않았다.

그러나 시는 달랐다. 열아홉 살 때 우연히 읽게
된 시는 나에게 그 어떤 마음도 요구하지 않았다.
오히려 여분의 마음을 만들어 줬다. 세상에 치여
마음 전부를 소모하고 집에 돌아와 시를 읽으면
이상하게도 새로운 마음이 생겨났다. 비우고 비워도
마음속에 계속해서 사랑이 채워졌다.

10년이 지났지만 시는 여전히 그 자리에서 지
마음을 퍼 주고 있다. 시가 건네는 모든 단어와
손길이 나에게 닿아 주변에 번진다. 그러나 나에게
아직도 이만큼의 마음이 남아 있다는 사실이
감사하다.

이제는 차고 남는 마음의 여백을 글로 전한다.

내 삶은 대단하지 않지만, 시는 대단하다.
즐겁게 사랑했던 순간들을 이 책에 묶는다.

    2025년
    포엠매거진, 배동훈

차례

4 　여는 말　시는 사랑을 가능케 하고, 사랑은 시를 완성시킨다

11 　개인형 이동 주차장
18 　억지 행복 찾기
23 　대단한 그냥입니다
27 　요정은 요아정의 존재를 알고 있을까
32 　걔 시 좋아해
36 　편지는 잊어버림으로 완성된다
40 　항복한 남자, 당신은 누구십니까
45 　쓰기 위해 읽고, 읽기 위해 쓴다
50 　꿈에서 만나면 곤란해
54 　경민이 형에게
59 　오늘은 체리를 주웠고, 내일은 튤립을 심을 거야
63 　모두가 너를 응원해
67 　너무 많은 빛

72	나는 몸이 반 개여도 잘 살 텐데
76	시를 쓰기 싫었습니다만 시가 되었네요
81	고마워, 호빵
86	착한 어른은 따라하지 마세요
91	퇴사, 그 파괴적인 두 글자
96	잘 살기보다 잘 행복하기
100	인생은 배신왕
105	작고 선량한 미움
110	가끔은 혼자 멈춰 있기
114	월요일의 악마
119	미래의 나에게, 과거의 나에게
124	눈이 내리고 비밀은 쌓이고
128	너의 꿈을 꾼 다음날

132	계절을 통째로 의심했네
137	여유와 끈기
141	내게는 사랑이 너무 많아요
145	달리기, 세상에서 가장 푹신한 감옥
150	봄의 단상들
155	신년 계획은 과연 지키라고 있는 것일까
160	내가 귀여워 고양이가 귀여워?
164	봄이다. 그렇게 말하니 진짜 봄이야
168	헤어지면 한 사람이 둘
171	사람은 삶의 오타
175	마음 없이도 되는 일
180	행복법 정리하기
186	식장을 나오며

190	번아웃, 너 아웃!
195	안녕과 안녕 사이에서
198	사랑할 땐 누구나 최악이 된다
202	기차는 어둠을 뚫고, 다시 어둠으로
206	넌 갓생하렴, 난 그냥 살게
211	네가와 라이프스타일
217	뻔한 제목을 지으려다가 실패했어
222	당신은 당신과 사랑에 빠질지도 몰라
226	빅 샤라웃 투 나의 숙면 친구들
232	닫는 말 시를 믿어

개인형 이동 주차장

김은지
「슬픔과 기쁨의 개 인사」
『여름 외투』
문학동네, 2023

슬픔과 기쁨의 개인사라는 시를 봤을 때
나는 그것이
슬픔과 기쁨의 개 인사인 줄 알았지

3년째 거주 중인 신도시는 마치 타이쿤 게임처럼
모든 것이 정갈하게 배치되어 있다. 호수를
중심으로 빙 둘러 신축 아파트와 오피스텔이 적당한
간격으로 자리를 지키고 있고, 국제 건축상을
받았다는 백화점과 거주민용 편의 시설이 대로변을
따라 이어져 있다. 커다란 8차선 도로는 신도시의
차를 전부 수용하고도 남았고, 앳되어 보이는
신혼부부가 유모차에 아기가 아닌 강아지를 태운

채 횡단보도를 건넌다. 퍼즐같이 구역이 나뉜
도시의 모습이 실은 비밀스러운 독재자의 계획
아래 지어졌다는 망상을 하지만, '아무래도 계획
도시니까 당연하지'라고 말해 주는 애인이 있어
독재자에 대한 망상은 주로 거기서 멎는다.

오늘은 저녁 약속을 위해 지하철역을 지나가다가
역 앞에 '개인형이동장치주차장'이라 적힌 팻말을
보았다. 나는 그것을 보고 팻말이 뜻하는 바가
개인형 (띄고) 이동장치 (띄고) 주차장이라는
것을 이해하기까지 2초 정도가 걸렸다. 그럼 2초
동안 나는 무얼 하고 있었나. 찰나의 순간 나는 그
팻말을 개인 (띄고) 형 (띄고) 이동장치 (띄고)
주차장이라고 오독했다. 개인형이 아니라, 개인 형.
사람이 아닌 개인 형. 어떤 사연에서인지 개가 되어
버린 나의 형. 마녀의 저주를 받은 것인지, 인류
키메라 실험의 실패물인지, 그게 아니면 미숙했던
연금술 실력 때문인지 그 어떤 사건으로 인해
사람에서 네발 달린 개가 되어 버린 형. 그리고 나의
작고 소중한 개 형을 이동시키는 장치를 주차하는

공간, 바로 그곳이 개인형이동장치주차장인 줄 알았던 것이다.

당연히 그럴 리가 없다고 허무맹랑한 생각에 빠졌던 자신을 꾸짖기까지는 채 2초가 걸리지 않았다. 그곳은 신도시에 즐비한 공유 킥보드와 전기 자전거를 보관하는 장소였다. 개인형이동장치주차장은 저주와 연금술 따위와 아무 연관이 없는 곳이었다. 그러나 약속 장소까지 걸어가는 동안 나는 한 가지 생각에 몰두했다. 하루아침에 개가 되어 버린 나의 형에 대해. 물론 나는 형이 없지만, 그리고 앞으로도 없을 테지만 상상 속에 존재하는 나의 형에 대해 오래 생각했다. 나와 무척 닮았고, 내가 끓인 라면을 매번 한 입씩 뺏어 먹고, 컴퓨터 용량이 부족하다며 내가 즐겨 하는 온라인 게임을 삭제하고, 텔레비전에 나오는 레슬링 기술을 나에게 연습하고, 가끔은 존재만으로 든든하지만 대부분 미워하게 되는 유년 시절의 형에 대해. 한 번도 형을 가져 본 적 없으면서 상상한다. 어떤 사유로 몸은 개로 변했지만(어째서인지 내

상상 속에선 대부분 진돗개의 모습을 하고 있다)
아직 완벽하게 개가 되지 못해, 엉성하게 사람 말을
할 수 있는 형에 대해.

개인 형을 골똘히 생각하다 보니 떠오르는 시가
있었다. 황인찬 시인은 자신이 쓴 시에서 사랑하는
대상을 개로 만들어 버린다.

> 그 아이를 개로 만들고 싶어서 나는 쓰기 시작했다
> 쓰다 보니 그것은 소설이었다 아름답고 아름다운
> 소설이었다
>
> 황인찬, 「오수」, 『희지의 세계』, 민음사, 2015

화자는 시에서 등장하는 '그 아이'를 개로 만들기
위해 글을 쓰기 시작했고, 어느새 그것은 아름다운
소설이 되어 있었다. 사랑스러운 개는 내 품에
안겨서 낑낑거리기도, 함께 머리를 기대어 앉기도
했다. 심지어 그 개는 운전을 잘해서 차를 끌고
어디든 갈 수도 있었다. 〈TV 동물농장〉에 나가도
손색없는 개다. 개로 변한 그 아이와 사랑에 빠진

화자는 끝끝내 사랑한다고 고백하지만, 개는 사랑한다고 답하는 대신 계속해서 짖기만 한다. 그리고 사실 그 아이는 개가 아니라는 사실을 깨달으며 시는 끝난다.

처음 이 시를 접한 건 군 복무 시절이었다. 내가 근무했던 곳은 인원이 채 100명도 되지 않는 작은 부대였는데, 부대 내에 군견 한 마리를 키웠다. 주로 헌병들과 함께 생활하던 그 개는 너무 용맹했던 탓에 모든 임무에서 좋은 성과를 보였다. 군견 관리병을 제외하면 쉽사리 배를 뒤집지도 않았으며, 시간이 흐른 뒤에는 사람보다 더 군인 같은 의젓함을 보였다. 전입 온 지 얼마 되지 않은 이등병들은 장난삼아 개에게 '필승!' 하며 경례를 하기도 했다. 「오수」를 읽을 때면 그 군견이 생각난다. 검은색과 갈색 털이 적절하게 섞여 기품 있는 모습을 보이던 개. 너무 영리해서 운전까지 할 수 있지 않을까, 생각했던 개. 지금 내가 쓰는 이 책의 글자 위를 헐떡이며 뛰어다니는 개.

그런 개의 아름다움이 나와 피를 나눈 인간 형제의 몫이 된다면, 나는 그 아름다움을 여전한 마음으로 쳐다볼 수 있을까? 개인형과 개인 형 사이에서 고민하다가 횡단보도 신호가 바뀌어서 나는 걸었다. 신혼부부의 유모차에는 여전히 아기가 아닌 개가 있었으나, 확신은 없다.

억지 행복 찾기

변윤제
시인의 말
『저는 내년에도 사랑스러울 예정입니다』
문학동네, 2023

죽음은 무엇인가 되어가고 있군요. 긍정인지 부정인지 모를 이 끊임없음 앞에서.
나는 기어코 사랑을 떠올릴 수밖에 없었습니다.

같이 대학교를 다닌 친구 중에 '행복하자'라는 말을 입버릇처럼 달고 사는 친구가 있었다. 밤새 과방에서 수다를 떨다가도 이야기의 결론은 '아무튼 행복하자'였다. 술에 진탕 취해 테이블에서 벌떡 일어나 외치는 '행복하자!' 새해마다 새해 복 많이 받으라는 이모티콘 가득한 문자의 끝에도 항상 행복하자의 자리가 마련되어 있었다. 성격이 싹싹했던 그 친구는 선배들이 하기 귀찮은 일을 도맡아 했으며, 후배들에게는 유쾌하고 친절한 선배로 통해 대부분의 과 학생들과 친하게 지냈다. 하지만 나와는 몇 차례 술자리를 함께하고 SNS에서 서로 팔로우도 했지만 친한 관계까지 발전하지 못했는데, 그 이유는 아마 친구가 말하는 쉴 새 없는 행복이 나에게 꽤나 거북했기 때문이다.

대학생이었던 내가 생각하는 행복은 강요로 느낄 수 있는 것이 아니었다. 행복이란 목적이 아니라 상태이자 가치이기 때문에 누군가의 느닷없는 부름이 행복을 저절로 유발하기란 어렵다고 생각했다. 배부름도 마찬가지로 음식을 먹은 뒤에 오는 자연스러운 상태일 뿐이지, 목적이 될 수 없다. 가령, 배가 고플 때 아무도 '나 앞으로 배부를 거야' '우리 함께 배부르자'라고 말하지 않는 것처럼 말이다. 나는 줄곧 생각했다. 저 녀석은 도대체 어떻게 구체적으로 행복하자는 거지? 하고 혼자 생각하며 그 친구가 말하는 행복을 의심하고 불신했다. 물론 그 친구의 말에 아무런 악의가 없는 것을 알면서도 그랬던 걸 보면, 당시의 나는 행복에 대해 꽤나 엄격한 기준을 갖고 있었던 듯하다. 붙임성이 좋았던 친구는 대학 생활 내내 여러 사람과 교류할 수 있는 기회를 거치며 멋진 사회인이 되었다. 나도 대학교 전공과 거리가 멀지만 어엿한 직장을 다닐 무렵, 오랜만에 그 친구에게 연락이 왔다. 새해 복 많이 받으라는 말과 함께 여전히 그곳에 있는 '행복하자'. 3년 만에 받는 연락이었으므로 어색하다는 감정을 느끼기도 전에 구면이라 더욱 반가운 그 행복하자라는 말이 나의 입가에 작은 보조개를 만들었다. 행복하자는 말은 어떻게 이토록 무책임하고 따뜻할까. 강요된 행복이 싫었던 내가, 이제는 길 가던 누구라도 좋으니 나에게 행복해지는 법을 알려 줬으면 좋겠다고 생각한다. 설명서를 따라 마음껏 행복해질 수 있는 방법을 궁리한다.

행복의 방법은 여전히 모르지만, 삶이 계속될수록 우리는 속수무책으로 불행해질 테지만, 나는 일단 좋아하는 친구와 소란한 종로에서 술을 마시기로 했다. 아무래도 새해니까. 새해에는 소원과 마법이

공기 중에 떠다닐 것만 같고, 나도 가끔은 그 속에서
잔뜩 숨을 머금은 채 부유하기도 하니까. 새해는
우연한 행복을 발견하기 가장 쉬운 날이니까.

대단한 그냥입니다

강혜빈
「시향기」
『미래는 허밍을 한다』
문학과지성사, 2023

우리는 다른 풍경을 보고 있죠
그래도
잡은 손은 따뜻하고요

포엠매거진을 시작한 이후로 시를 읽는 것이 나의 직업이 되었지만, 지난 10년 동안 나는 그냥 혼자 시를 읽고 쓰는 사람이었다. 문학과 전혀 연관 없는 전공과 직업을 거치며 만났던 주변 사람들은 나를 가리키며 특이하다고 말했다. 그리고 가장 많이 받았던 질문은 "시가 왜 그렇게 좋아?"였다. 그 질문은 단순하지만 날카로웠다. 마치 지붕 아래 매달린 커다란 고드름을 보는 것처럼 두려움의 감정마저 들었다. 여러 수식어를 써 가며 거창한 대답을 해야 할 듯했지만, 늘 나의 입에서 나오는 말은 "그냥 좋은데"였다. '좋아'도 아니고 '좋은데'. 마치 뒤에 더 좋은 문장을 준비한 것처럼 여지가 가득한. 하지만 대답 뒤에 따라오는 것은 질문을 한 친구의 억지 맞장구와 어색한 웃음뿐이었고, 나는 왜 시를 떠올리면 '그냥 좋다'라는 설명밖에 할 수 없는지 애석했다.

며칠 전, 한 식음료 브랜드의 대표님과 같이 점심을 먹었다. 대표님은 대한민국에서 거의 유일하다고 할 수 있는 시플루언서(시+인플루언서의 합성어로, 내가 방금 만들었다)인 내가 신기해서인지, 아니면 단지 새로운 사람을 만나는 일이 좋았던 건지 열의를 띈 눈빛으로 내게 질문했다. 질문 중에는 나를 오랫동안 따라다닌 '시를 왜 좋아하세요?'가 있었고, 나는 준비된 대답처럼 '그냥 좋다'고 말했다. 짧았던 식사를 마치고 헤어지기 직전에 대표님은 내게 이런 말을 건넸다.

"시가 그냥 좋다는 말, 너무 인상 깊었어요. 뭔가를 좋아하는 일에 이유가 필요하지 않죠. 저도 덕분에 배우네요."

대표님과 헤어지고 다음 일정으로 가는 버스에서 여태 수많은 차안을 생각했지만 '그냥 좋은 마음'보다 더 나은 대답이 없음을 깨달았다. 많고 적음을 재지 않고 그저 마음껏 좋아할 수 있는 대상이 세상에 몇이나 될까를 가늠해 보면, 늘 고정된 자리에서 나를 반겨 주는 시가 얼마나 감사한 존재인지 알게 된다. 새로운 시집을 펼칠 때마다 하나의 우주를 만나는 기분이고, 읽었던 시집을 다시 펼치는 것은 오래된 친구의 새로운 장점을 발견하는 것과 같다. 읽어도 좋기만 한 시를 어떻게 사랑하지 않을 수 있을까.

사전에 따르면 '그냥'은 '더 이상의 변화 없이 그 상태 그대로'라는 뜻이다. 시는 언제나 그곳에 '그냥' 있고, 그러니 우리는 '그냥' 읽고, 결국에 '그냥' 좋은 것이다. 이것을 이기는 다른 이유는 없다.

요정은
요아정의 존재를
알고 있을까

김복희
「잠자코 요정」
『오늘부터 일일』
난다, 2024

요정에게서 연락 없었다
요정이 밥은 먹었을까 아직도 잘까
먹기 쉬운 귤이라도 사 갈까

"요아정 시킬래?"

애인과 함께 TV를 보던 중, 대뜸 요거트
아이스크림이 먹고 싶다고 했다. 정확히 말하자면
요아정이 먹고 싶다고 했다. 요아정은 '요거트
아이스크림의 정석'의 줄임말인데, 처음 그
단어를 보았을 때는 감히 예측조차 하지 못했다.
처음 요아정을 만난 것은 친구의 인스타그램

스토리였다. 퇴근 후 운동으로 지친 얼굴 옆에
보일락 말락한 크기의 글자로 '요아정 당기네'가
써 있었다. 당시의 나는 '요정'을 오타 낸 것으로
생각해, 도대체 요정이 당긴다는 말은 무슨 말일까
혼자 궁금해했다. 하지만 곧 순식간에 휘발되는
인스타그램 스토리처럼 나의 고민도 깜빡 사라졌고,
요아정이 팅커벨 같은 날개 달린 작은 인간 요정과
아무 관계없는 뜻이라는 것을 알기까지는 몇 달이
걸렸다.

요거트 아이스크림의 정석. 어떻게 요거트
아이스크림이라는 단어 뒤에 정석이 따라오는가.
둘은 같은 문장 안에 공존할 수 있는 단어였나.
수학도 아닌데 왜 굳이 정석이 필요한 것일까.
그리고 무엇보다 도대체 정석의 맛은 어떤 맛일까,
그런 것들이 궁금하고, 어떤 때는 사실 맛이 어떻든
아무 상관도 없을 것 같았다. 머지않아 SNS에서
너도나도 요아정을 먹는 현상을 보았을 때는
적잖이 궁금했다. 더군다나 SNS 콘텐츠로 먹고사는
나는 유행에 뒤떨어지면 안 된다는 강박이 있기

때문에, 아직 정석의 맛도 모르는 바보가 된
느낌이었다.

설레는 마음으로 처음 먹은 요아정의 맛은,
정석다웠다. 크게 흠잡을 곳도, 딱히 튀는 맛도
없었다. 말 그대로 정석. 사물 본연이 위치하는 자리.
요거트의 시큰한 맛이 부드러운 아이스크림과 만나
더욱 달콤해지는 맛. 요거트와 아이스크림이 있어야
하는 자리. 요거트나 아이스크림 둘 중 하나만
먹어 본 사람이라도 충분히 상상할 수 있는 익숙한
맛이었다. 나는 고작 아이스크림에 뭘 그렇게
고민하고 기대했던 건지. 정석이라는 단어에 혹시
뭔가 특별할 것이라 생각했는지.

애인과 힘을 합쳐도 절반을 먹지 못한 요아정을
냉동고에 넣고 제멋대로 요아정을 오해했던
일을 마음속으로 사죄했다. 너를 과대평가해서
미안하다고. 차라리 정말 요정이었다면, 반짝이는
가루를 떨어뜨리며 내게 날아와 이쑤시개보다 작은
요술 봉을 휘둘러 소원을 들어주는 요정이었다면.

이번에는 고민하지 않고 '정석보다 맛있는 요거트 아이스크림을 먹게 해 주세요'라고 빌 텐데.

개시 좋아해

장석주
「게르와 급류」
『꿈속에서 우는 사람』
문학동네, 2024

문학과 사랑에 빠진 것은 열일곱 살 때,
『문학사상』 창간호를 사서 품에 안고 서쪽으로 갔다

대학 시절의 나는 모범생이 아니었다. 술을 마시는 날보다 마시지 않는 날이 적었고, 술을 마시다 막차가 끊겨 과방의 딱딱한 책상 위에서 잠들기 일쑤였다. 학업에서도 호불호가 확실했던 나는 하기 싫었던 과제는 안 하느니만 못할 정도의 완성도로 제출했다. "이럴 거면 차라리 하지 않는 게 낫겠는걸"이라는 전공 교수님의 말을 들은 적도 있다. 마음에 들지 않는 교수님의 수업에는 부러

결석하고 대낮부터 동기와 술을 마신 적도 있었다. 당연히 학점은 처참했고, F 학점을 일정 개수 이상 받아 낙제를 할 뻔한 적도 있었다. 엎친 데 덮친 격으로, F를 받았던 수업 중에는 졸업에 꼭 필요한 필수 교양 수업도 포함되어 있었다. 결국 나는 4학년 때까지 해당 수업을 세 번 수강하는 '삼수강'을 하고 나서야 졸업장을 손에 쥘 수 있었다.

이렇게 다난한 학교생활 속에서 학업에 영 집중하지 못했던 이유 중 하나는 바로 시였다. 뻔한 이야기지만 나는 시를 정말 사랑했다. 술자리에 가면 친구들 앞에서 좋아하는 시를 찬양했고, 수업을 땡땡이 치고 아무도 없는 한적한 벤치에 누워 시를 읽고는 했다. 과제를 대충 완성해 제출했던 것도 집에 돌아와 마음 편히 시를 읽기 위해서였다(라고 합리화를 해 본다). 누군가 대학 동기들에게 동훈이는 어떤 아이냐고 물어본다면, 모두 입을 모아 같은 대답을 할 것이다.

"아 걔? 시 좋아해."

어떻게 그렇게 시를 좋아했을까 싶다가도, 아직까지 시와 열렬한 사랑을 이어 가고 있는 나를 돌아보면 제법 가능했을 법하다. 살다 보면 갑작스레 사랑에 빠지는 마법 같은 순간들이 분명히 존재하고, 시는 엉망진창이던 그 시절의 나에게 매일매일 마법 같은 다정한 순간을 선물해 줬다.

모두가 그렇듯 나는 학사모를 쓰고, 졸업장을 하늘 위로 던지는 사진을 찍어 SNS에 올렸다. 수천만 원의 등록금과 수백 개의 소주병을 제물로 바쳐 얻은 졸업장은 지금 방 어딘가에 처박혀 있다. 가끔은 내가 정말 대학을 다녔던 것이 맞나, 자신에게 되물을 정도로 실감나지 않는 시절이다. 졸업장에는 흰 눈처럼 먼지가 쌓였을 것이다. 그러나 시집은 내가 손을 뻗으면 가장 먼저 닿는 곳에 둔다. 책상 위에, 침대 옆에, 그리고 마음 속 가장 단단한 한 켠에.

편지는 잊어버림으로
완성된다

창작동인 뿔
「겨울 영혼」
『너는 아름다움에 대해 생각한다』
걷는사람, 2024

편지를 몇 통 받았지만 이사하면서 버렸다. 뒷주머니에 넣은 머리핀 장식이 깨졌다.

나를 미워하고 있을 때도 미래는 계속 생겨났다.

살면서 거주지를 이동하는 일이 잦았다. 유년 시절을 통째로 보냈던 인천, 사춘기를 지나 중학교 졸업을 마쳤던 미국, 고등학교와 대학교 생활을 즐겼던 서울, 그리고 현재 나는 경기도의 어느 신도시에서 매일이 비슷하면서도 다른 삶을 보내는 중이다.

한 곳에서 다른 곳으로 이사를 준비할 때마다 가장

번거로웠던 일은 그동안 받은 편지들을 처리하는 일이었다. 내가 썼지만 전달하지 못한 편지와 내가 받은 무수한 편지들. 빛을 향해 들면 어스름해지는 얇은 편지지 위에 일렁이며 빛나는 은하수 같은 마음들. 편지를 받을 당시의 나는 그 은하수에 이름을 지어 줄 수 없었다. 왼쪽에서 오른쪽으로, 위에서 아래로 글을 읽으면서 마음속에 이글거리는 작은 불씨 같은 감정이 무엇인지 몰랐다. 내게 편지를 써 줬던 사람도 아마 같은 처지였을 것이다. 당신은 편지지 위로 함부로 엎지르는 마음이 무엇인지 갈피를 잡을 수 없었을 것이다. 그렇게 처음 갖는 마음을 나에게 선물한다는 것이, 어쩌면 편지의 가장 매력적인 부분일 것이다.

온갖 것들을 다 적은 편지는 애석하게도 내 손을 떠난 순간부터 서서히 기억에서 지워진다. 마치 어린아이의 작은 손아귀에서 스르르 빠져나가 하늘로 사라지는 헬륨 풍선처럼, 내가 썼던 단어들은 점이 되어 흐려진다. 그 후 편지의 기억은 오직 받은 자의 몫이다. 편지를 받은 자만이 오래도록 그 단어를 곱씹고, 편지를 쓴 상대방의 정성을 영영 기억하게 된다. 내가 편지를 좋아하는 이유도 그런 매정함에 있다. 화단을 꾸미듯 예쁜 단어만을 골라 써 내려간 편지가 내 기억에서는 곧 쉽게 사라질 것이라는 무심함.

오랜만에 편지를 적는다. 안녕으로 시작해서 고마워로 끝나는 편지. 편지의 정수리와 발끝에는 많은 사랑이 있다. 누가 정해 놓은 것도 아니지만, 원래 있었던 것처럼 그곳에 있는 단어들. 심장을 연필보다 뾰족하게 깎아 놓고 당신에게 나를 한 글자씩 전한다. 곧잘 잃어버리게 되어도 당신의 가슴 언저리에 오랫동안 머물 글자를.

행복한 남자,
당신은 누구십니까

최승자
「삼십 세」
『이 시대의 사랑』
문학과지성사, 1981

             오 행복행복행복한 항복
             기쁘다우리 철판깔았네

논현역 앞 카페 창가 자리에 앉아 저녁에 있을
미팅을 기다리며 업무를 보는 중이었다. 미팅은
밤 10시가 넘어 끝날 예정이었으므로 저녁을 미리
먹지 않으면 꼬르륵 거리는 소리에 미팅 내내
허공만 쳐다볼 것이 훤했다. 핸드폰으로 근처에
저녁 식사를 할 만한 곳을 검색해 보니, 화면 위로
수제 버거와 츠케멘을 파는 식당들이 나란히 떴다.
평소 햄버거를 좋아하는 나에게 수제 버거 식당은

익숙한 프랜차이즈 브랜드였지만, 츠케멘은 꽤 낯선 이름이었다. 귀신에 홀린 듯 가게의 리뷰 이미지를 살펴보니, 츠케멘은 조리된 면을 국물에 찍어 먹는 라멘이었다.

실패 확률이 없는 수제 버거를 먹을지, 도전하는 마음으로 츠케멘을 먹을지 고민하던 도중 핸드폰 상단에 작은 알림이 떴다. 인스타그램에서 누군가가 나에게 메시지를 보냈다는 알림이었는데, 보낸 이의 이름이 특이했다. 'hangbokhan_namja'(실제 아이디를 그대로 인용할 수는 없어 가장 비슷한 이름으로 대체했다). 한국어로 읽으면 항복한 남자. 보통 인스타그램상의 이름은 멋지고 간결하게 짓기 마련인데, 이 사람은 대체 뭐지? 왜 굳이 굴욕스러운 이름을 지은 걸까. 그리고 도대체 무엇에 항복한 걸까? 항복은 둘 사이의 승부에서 일방적으로 백기를 들었단 뜻이니 열렬했지만 한 순간에 식어 버린 사랑에 항복한 걸까? 취업인가? 결혼? 그것도 아니면 인생의 전반적인 것들에 대해? 누군가의 이름 앞에 '항복한'이라는 수식어를 본 것도

처음이었다. 머릿속에 떠오르는 수많은 물음표를
뒤로하고 그의 인스타그램을 염탐했다.

글을 여기까지 읽었다면 이미 눈치챈 사람도
있겠지만, 그의 이름은 항복한 남자가 아니라
'행복한 남자'였다. 나는 항복이라는 강렬한 단어의
등장에 'hang'은 '항'으로도, '행'으로도 읽힌다는
사실을 까맣게 잊었다. 몰래 구경한 인스타그램
속 그는 누구보다 행복한 삶을 사는 평범한 30대
남자였다. 주말에는 아내와 아이들을 데리고
교외로 글램핑을 떠나고, 퇴근 후에는 클라이밍과
와인 동아리에 참석하는 활발한 사람이었다.
살면서 무엇에도 항복해 본 적 없는 듯한 건실한
모습이었다. 님이라는 글자에 점 하나만 찍으면
남이 되듯, 항복이라는 글자에 선 하나만 그으면
행복이 되는 미묘한 세상. 찰나의 순간이지만
항복의 골짜기에 빠졌던 내가 무척이나 실없게
느껴졌다.

항복 속에서 행복을 발견하고, 나는 다시 수제

버거와 츠케멘 사이에서 고민한다. 무엇이 나를 행복하게 해 줄 것인가. 나는 버거와 츠케멘 중 누구에게 항복할 것인가.

쓰기 위해 읽고, 읽기 위해 쓴다

황인찬
「요가 학원」
『사랑을 위한 되풀이』
창비, 2019

    아, 시 계속 이렇게 쓰면

    좋은 시인 못 되는데, 나도 아는데……

책을 쓰는 과정에서 내가 맞닥뜨린 가장 큰 난관은 생각보다 내 마음대로 되는 게 하나도 없다는 절망감과 끝없는 미안함이었다. 작가도 시인도 무엇도 아닌 나에게 출간 제안이 왔을 때 놀라움의 감정보다 먼저 찾아온 감정은 미안함이었다. 세상에는 나보다 잘 쓰는 사람이 너무나 많고(대략 60억 명 즈음), 잘 쓰고 싶어 하는 사람은 차고 넘치도록 있다. 그저 시를 좋아하기만 하는 내가

감히 글을 쓰고 책을 출간해도 될까. 내가 그들의
기회를 뺏는 것은 아닐까. 실제로 나는 포르체
출판사에서 출간 제안이 오기 전에 여러 출판사에서
온 제안을 거듭 거절했다. 당혹스러움과 동시에
느껴지는 압도적인 죄송함이 컸다. 물론 책을 쓰는
지금도 이 마음이 완전히 사라지지 않았다. 오히려
더 무거워졌다.

매일 도게자[1]를 하는 마음으로 원고 앞에 앉았지만,
부담감은 쉽게 사라지지 않았다. 그러나 이런
나의 마음의 가중을 덜어 주었던 것은 시였다.
포엠매거진을 시작한 이후, 나의 일상 속에서 시가
차지하는 비중은 매우 커졌다. 다니던 회사를
나오고 시간을 자유롭게 조율할 수 있는 환경이
되었고, 시공간의 제약에서 벗어난 디지털 노마드의
삶을 맞이하여 제일 먼저 내가 한 것은 매일 시를
읽는 일이었다. 그토록 원했던 자유 속에서, 나는
곧 몰락할 로마 귀족이 탁자 위에 과일을 잔뜩 쌓아
둔 뒤 알맹이만 먹고 버리듯 도서관과 서점에서
시집을 산처럼 쌓아 두고 하루 종일 시만 읽었다.

---

[1] 일본에서 극히 송구스러운 사건을 사과하기 위해
엎드려 머리를 땅에 박는 예법 중 하나.

취미로 시를 읽는다고 하면 무슨 재미로 읽냐고
종종 물어본다. 누군가는 행복을 위해 읽고, 또 다른
누군가는 슬퍼지지 않기 위해 시를 읽을 것이다.
각자의 이유와 사정이 있겠지만, 나는 뭐라도 쓰기
위해 시를 읽는다.

좋은 시는 읽는 이에게 펜을 쥐게 하는 힘이 있다.
나도 이 시인처럼 좋은 시를 쓰고 싶다는 욕심이
솟구쳐 늦은 밤 책상 앞에 앉아 뭐라도 쓰기
위해 노력하게 된다. 그렇게 쓴 글은 겉치레만
가득한 글이 되고, 글자가 품은 의미에 비해
속은 텅 비었다는 것을 깨닫지만 결국 퇴고의
퇴고를 반복하다 보면 나에게 그나마 떳떳한 글이
완성된다. 여태 나의 모든 글은 이러한 과정을 거쳐
탄생했고 이 책도 마찬가지다. 이 책을 쓰기 위해
얼마나 많은 시집을 읽었고, 그중에서 어떤 시집이
나의 엉덩이를 유독 무겁게 했는지 쓰고 싶었지만
글을 쓰면 쓸수록 점점 마음처럼 되지 않아
큰일이다. 영양가 있는 무엇이라도 쓰려 했는데

또다시 죄송하다는 마음만 커진다.

죄송한 마음은 글을 쓰면 쓸수록 커지기만 한다. 내가 선망하는 작가들도 책상 앞에서 같은 생각을 했을까. 똑같은 고민과 후회를 반복하는 과정 속에서 어떤 이유 때문에 끝내 펜을 놓지 않았을까. 글이 써지지 않을 때면 그들의 책을 읽으며 죄송한 마음의 역사를 염탐했다. 나보다 한 세월을 앞서 죄송했던 그들의 흔적을 더듬으며 내가 느끼는 죄송한 마음의 크기와 비교해 본다. 적어도 그 시간 동안은 이 죄송함이 이상한 게 아닌 듯해서 좋았다. 창작하는 모두가 느끼는 당연한 감정이라고 위로 받는 듯했다. 뭐라도 쓰고 싶지만 막상 쓰려니 할 말이 없을 때, 그런 순간의 당신에게 이 책도 위로가 되었으면 한다. 부끄럽고 죄송한 것이 마냥 이상한 감정이 아니라고. 모두가 그렇다고.

꿈에서 만나면
곤란해

차유오
「어떤 사랑」
『순수한 기쁨』
아침달, 2024

우리는 전생을 찾아다니다 잠들어버리고
꿈속에서는 모르는 사람과도 사랑했는데

깨어나면 아는 사람만을 미워한다

꿈을 많이 꾸는 사람에게 상을 주는 대회가 있다면
좋겠다. 내가 참가하면 아주 못해도 장려상은 받을
텐데 말이다. 나는 꿈을 자주 그리고 많이 꾸는
편인데, 선잠을 반복하는 날에는 여덟 개가 넘는
꿈을 꿀 정도다. 물론 여덟 개의 꿈은 서로 연관성을
찾아볼 수 없는 각각의 난폭하고 어지러운 꿈이다.
나처럼 꿈을 자주 꾸는 사람에게는 몹쓸 병이 하나
있는데, 바로 꿈에 나타나는 사람을 쉽게 사랑해

버리는 병이다.

평소에 큰 감정이 없던 지인이 나타나 갑자기 연인처럼 귓속말을 하고, 팔짱을 끼고, 더 나아가 스킨십까지 나누는 꿈을 꾼 아침에는 마음이 어지럽다. 머릿속은 중요한 물건을 찾기 위해 모든 서랍을 다 열어 놓은 집안 같은 풍경이 된다. 왜 하필 그 사람과, 왜 하필 오늘, 왜 하필 현실이 아닌 내 꿈에 나타난 걸까. 꿈 속의 생경함을 잊기 위해 샤워를 하고 나오면 잠깐이지만 현실이라고 믿었던 그 마음과 감촉이 피부에서 천천히 사라진다.

10년 넘게 보지 못했던 사람도 마찬가지다. 그 누구라도 나의 무의식 속에 남아 있는 사람이라면 오해 가득한 꿈 속의 주인공이 되곤 한다. 특히 학생 시절, 속으로 미워하는 친구가 꿈에 등장한 다음날, 강의실에서 친구를 만나면 죄책감 비슷한 기분이 들었다. 죄를 지은 것도 아닌데 괜히 시선을 피하게 되었다. 눈을 3초 이상 마주치게 되면 가까스로 잊었던 꿈이 떠오를까 황급히 강의실을 빠져나온

적도 있었다. 그 친구를 미워했던 수많은 이유보다
꿈에서 느꼈던 따스함이 나에게는 더 생생한
기억이다. 그 친구는 알고 있었을까? 내가 당신을
많이 미워했다는 사실을, 그리고 우리가 꿈에서는
잠시나마 겹쳐 있었다는 사실을.

꿈에는 아무 이유도 역사도 없다지만, 이렇게 불쑥
찾아오는 시간제 짝사랑은 나도 원하지 않는데.
꿈은 의식이 남겨 놓은 꼬리를 찾아가는 일일까.
무의식의 얼굴을 마주 보는 일일까. 둘 중 아무것도
아닌 어느 평행 세계의 일기일까.

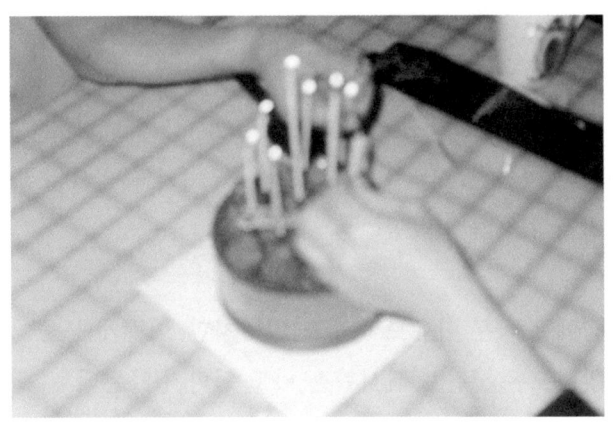

경민이[1] 형에게

---

[1] 2025 신춘문예에 당선된 최경민 시인에게 보낸 편지를 재구성한 글이다.

최경민
2025 세계일보 신춘문예 시 부문 당선 소감

중요한 일들은 아침에 눈을 쓸어내는 일, 식탁 위에서 맥주를 마시는 일, 소파에 누워 평소보다 일찍 눈을 감는 일. 시 쓰기는 이들 사이 어딘가를 횡단하고 있을 뿐이다. 시의 무게가 가벼워질 수 있어서 나는 오래 시를 쓸 수 있었다.

경민이 형에게

미세 먼지 가득한 서울의 하늘을 떠올리며 한두 글자 안부를 눌러 담고 있어요. 잘 지내요 형? 오늘 서점에서 우연히 형의 이름을 발견했을 때 세상이 한순간 멈춘 것 같았어요. 이름만 같았으면 모를까, 행복한 얼굴을 한 형의 사진까지 실린 페이지 위에서 나는 가장 예쁜 숨을 골라 내쉬고 있었어요.

내가 보고 있는 것이 과연 현실인지 믿기지 않았지만, 그 충격은 잠시였고, 이내 형의 당연한 자격을 잠시나마 의심했던 내 자신이 부끄러웠어요.

그리고 무엇보다, 자랑스러웠어요. 영어로 쏘 프라우드 오브 유. 유 디절브 잇, 같은 철딱서니 없는 감탄사를 뱉으며 누구보다 축하해 줬을 텐데, 우리의 거리가 생각보다 멀다는 게 이토록 아쉬운 일이군요. 우리가 각자의 삶에 집중하는 동안에도 시를 놓지 않았다는 사실이 얼마나 대단한 일인지, 누구보다도 형이 잘 알고 있겠죠.

우리가 시에 매몰되고 시의 겨드랑이 안에서 벗어나기를 거부하던 시절, 우리는 춘천의 산 꼭대기에서 머리를 빡빡 깎은 채 눈이 오면 눈을 쓸고 비가 오면 비를 맞았죠. 나는 늘 농담처럼 누군가를 죽이고 싶다는 말을 뱉었고, 그런 농담에 형은 헛헛한 웃음을 지었죠. 시를 쓰는 사람은 모두 어른스러운 걸까, 다른 시인을 만나기 전까지는 줄곧 그렇게 생각했어요. 대체 누가 국방부의 시계는 거꾸로 간다고 했을까요? 거꾸로 간 적은 단 한 번도 없었는데 말이에요. 단지 아주 천천히, 달팽이가 아스팔트에 자취를 남기는 속도로 지나갔을 뿐이고요.

눈이 오면 허리까지 쌓이고 비가 오면 번개가 가로로 치던 춘천에서, 형은 내 시를 좋아해 줬던 유일한 사람. 형이 처음으로 빌려준 외국 시집의 제목과 형이 가르쳐 준 미래파 시인들의 이름을 주기도문처럼 외우며 사지방[1]에서 검색해 보던 날들 모두 마음만 먹으면 금세 떠올릴 수 있는 기억인 것을. 한 번도 기억하려 하지 않았기에 몰랐다는 것이 조금은 부끄러운 밤이네요.

시가 전부인 줄 알았던 시절을 건너 이제는 시가 일부라는 것을 깨닫게 된 지금, 형은 어떤 삶을 그리고 있나요. 아내분과 함께 저녁을 만들어 먹고, 내리는 눈을 바라보며 냉장고에서 차가운 맥주를 꺼내고, 더는 치울 눈이 없다는 사실이 문득 감사하다가도 눈송이 속 찰나의 기억이 시를 쓰게

---

[1] 군대 내에 있는 '사이버 지식 정보방'의 줄임말.

하나요. 시를 가능케 하는 힘이 형에게는 아직 남아 있나요.

어둠이 내려와 이제는 미세 먼지와 안개를 구분할 수 없습니다. 가로등 아래에는 나방이 눈송이처럼 부유하는데, 정말 나방인지 미세 먼지인지 눈송이인지 확신을 갖고 하는 말은 아닙니다.
시에서는 확신을 배제해야 하니까요.

등단 축하해요. 온갖 행운이 형의 것이기를 바라며.

동훈 드림

오늘은 체리를 주웠고, 내일은 튤립을 심을 거야

이소연
시인의 말
『콜리플라워』
창비, 2024

밤마다 친구들을 사랑하다 잠든다.

  시인의 말을 고민하는데, 자기 이름을 쓰라고 하는
    친구가 있었다.
  누구의 이름을 쓰더라도 시인의 말이 되게 살고 싶다.

매일 아침 일어나 땅을 파고, 꽃을 심는다.
친구들에게 줄 선물을 포장하고, 멍하니 수면 위를
바라보며 낚시를 즐기기도 한다. 나의 새로운
취미를 고백하는 것은 아니고, 〈동물의 숲〉이라는
게임 속 이야기다. 나무와 풀밖에 없는 무인도에서
생활을 꾸리는 것이 목적인 이 게임은 요즘 내
하루에서 중요한 루틴이 되어 버렸다. 매일 시를
읽는 것은 잊어도, 게임에 접속해 소소한 접속

보상을 받는 것은 잊지 않는 것을 보면 아마 내 일상 속에서 손가락 안에 들 정도로 좋아하는 일이라 볼 수 있다.

〈동물의 숲〉에 푹 빠진(사실상 중독이지만) 제일 큰 이유는 무인도에서 함께 거주하는 동물 주민들의 다정한 태도 때문이다. 매일 만나도 처음 보는 것처럼 싱긋 웃으며 건네는 인사가 나의 하루 속 부족한 비타민 할당량을 채워 주는 것만 같다. 심지어 게임 속에서 주민의 머리를 잠자리채로 때려도, 주민은 그곳에 서 있던 자신의 잘못인 것처럼 나에게 미안하다고 말한다. 충분히 화내도 이상하지 않은 상황에서 내가 계속 말을 걸면 "미안하지만 잠시만 혼자만의 시간을 갖고 싶어"라고 말하는 용기까지 지녔다. 여러모로 이 주민들은 나보다 나은 인성의 소유자……라고 말하고 보니 잠깐, 인성(人性)은 그들에게 적용할 수 없는 말인가? 아무렴 어떤가. 이런 사소한 것을 조목조목 따지는 옹졸한 태도부터 나는 이미 주민 시험에서 탈락이다.

다정함을 넘어 어딘가 바보 같기도 한, 악의라고는 찾아볼 수 없는 순진무구의 주민들을 위해 나는 매일 아끼는 물건을 선물하고, 손가락 마디 만한 얼굴 속 작은 픽셀의 움직임을 하나하나 감시하다가 대뜸 작은 스크린 너머로 말을 걸기도 한다. 모르는 누군가가 나를 본다면 '나이도 있는 청년이 방구석에서 게임이나 하며 킥킥대다니, 안타깝군' 하며 혀를 찰지도 모를 일이지만, 이토록 순수하고 상냥한 동물들을 대체 어떻게 사랑하지 않을 수 있단 말인가……. 어리숙해 보일 수 있지만, 다정을 사랑하지 않는 방법이 있을까? 다정 앞에선 누구나 무너지지 않나.

모두가 너를 응원해

김은지
「늘품」
『고구마와 고마워는 두 글자나 같네』
걷는사람, 2019

내가 다가가는 어떤 세계에선

모두가 시를 좋아해

어쩌다 인터뷰를 하게 되면 포엠매거진을 하기
전에 어떤 일을 했냐는 질문을 고정적으로 받는다.
원래는 회사에 다녔지만 시를 본격적으로 알리기
위해 다니던 회사에서 나왔다는 이야기를 하면
많은 사람이 놀란다. 그럴 법도 한 것이 이전에
다니던 회사는 나름 대기업으로 분류되던 회사였고,
안정적인 월급을 받으며 삶을 향유하기에 더없이
괜찮았다. 흔히 말하는 평생 직장에 걸맞은

곳이었고, 발만 붙여 놓으면 정년 퇴직까지 걱정할 일이 없는 곳이었다. 하지만 나는 여러 이유를 등에 짊어진 채 회사를 제 발로 나왔고, 현재 인스타그램에서 누구보다 활발히 시의 매력을 알리는 프리랜서가 되었다.

'퇴사하는 게 불안하지는 않았나요?'라거나 '어떻게 퇴사할 생각을 했어요?'라는 질문을 받을 때마다 갸우뚱한다. 나는 퇴사 당시, 그리고 퇴사 후 단 한 순간도 불안한 적이 없었기 때문이다. 흔들리지도 방황하지도 않았던 내가 이런 내적 평정이 가능했던 이유는 주위 사람들 덕분이었다. 나의 가족, 친구, 선배, 후배, 심지어 전 직장 상사들까지 모두 나의 퇴사를 응원해 줬다. 그중 시를 좋아하는 사람은 아무도 없었지만, 시를 알리겠다는 나의 목표에 다들 공감해 주고 대운을 빌어 줬다. 그들의 눈에 비친 나는 어떤 모습이었을까. 특히 나를 응원해 줬던 전 직장 팀원들을 떠올리면 뭉클해진다. 언젠가 서점에서 동훈 씨 이름으로 된 책을 보고 싶다던 그 투명한 격려의 목소리가 떠오른다.

모두가 시를 좋아하지 않아도, 모두가 나의 편이었다. 내가 서 있는 곳에 함께 서서 같은 시야를 공유하며 순수한 마음으로 나를 응원해 줬다. 그 당시 나의 퇴사는 완전히 새로운 시작과도 같았기에 두렵지 않았다. 거짓이라곤 없는 응원이 내가 가진 전부이다. 이제 나도 선택의 기로에서 불안해하는 누군가를 응원할 수 있는 사람이 되고 싶다. 가장 어두운 터널을 지나가는 사람의 등을 토닥이며 말해 주고 싶다. 아무리 힘들어도 네가 말을 거는 어떤 세계에선 모두가 너를 좋아해. 모두가 너의 편이야.

너무 많은 빛

전동균
「별이 돌멩이처럼」
『한밤의 이마에 얹히는 손』
문학동네, 2024

마지막 눈꺼풀은 내가 닫을 거예요
용서 따윈 바라지 않을 거예요

"너무 많은 빛에 노출되면 현상이 힘들기도 해요."

데구루루 굴러 발에 도착한 아이의 공을 무심하게
다시 던져 주는 어른처럼 점원이 내게 말을 건넸다.
나는 점원이 말하는 빛이 카메라 플래시의 빛을
말하는 것인지, 실내의 조명을 말하는 것인지,
그것도 아니면 햇빛을 말하는 것인지 알 수 없었다.
덕분에 나는 36장을 찍는 동안 내가 어떤 곳에서

얼마큼의 빛을 받으며 무엇을 피사체 삼아 찍었는지 되짚는 시간을 가져야만 했다. 낮에 갔었던 서울숲이었던가, 아니면 얼마 전 옷 가게 창문을 코앞에 두고 플래시를 터뜨렸던 때인가. 그것도 아니라면 내 기억 속에 없는, 내가 겪었지만 쉽게 잊어버린 무던한 순간들인가. 당장 오늘 아침의 일도 쉽사리 기억하지 못하는 나에게 이런 생각은 재앙이다.

"너무 어두운 곳에서 찍어도 그래요."

이미 현상을 마친 필름을 봉투에 담으며 점원이 말을 덧붙였다. 너무 어두운 곳이라면 밤의 봉은사일 수도 있겠다고 생각했다. 밤공기가 좋다는 핑계로 잠시 들렀던 봉은사에서 필름 카메라를 마구잡이로 들이댔던 일을 떠올렸다. 그리고 이어서 물보다 안개가 많던 을왕리의 바다를 떠올렸다. 폭죽 소리만 가득하던 바닷가 사잇길에서 찍은 사진들. 아니면 교대역 근처 술집인가. 양재천 버스 휴게소인가. 점원의 조언에 옛 기억들이 각주처럼 매달렸다.

"다음에는 노출도를 조정해 보세요."

던진 공을 다시 받듯 네, 하고 대답하고 싶었지만 안타깝게도 내 카메라는 나보다 나이가 훨씬 많은 몸이라 점원이 말한 그런 섬세한 기능까지 갖추고 있지 않았다. 이 사실을 곧이곧대로 점원에게 말하는 것은 또 얼마나 과한가. 방황하는 내 입술은 마땅한 대답을 하기 위해 단어들을 더듬느라 이도 저도 아닌 모양으로 변했다. 코로나19 시절이라 마스크를 써서 얼마나 다행인지, 갈피를 못 잡는 나의 입 모양을 봤다면 점원은 분명 피식 웃었을 테다.

"……그래 볼게요."

내적 시행착오 끝에 성공적으로 아무 말이나 뱉은 뒤 사진관을 나왔다. 갈색빛이 도는 필름을 꺼내 왼쪽에서 오른쪽으로, 위에서 아래로 사진을 읽어

내렸다. 유실된 사진은 흰색에 검은색 점이 몇 개 찍혔을 뿐이어서 이게 밝은 것인지 어두운 것인지 알 수 없었다.

어떤 사진은 내가 나와 있기도 하고, 어떤 사진은 도통 얼굴을 알 수 없었다. 익숙한 얼굴을 본 것 같았지만 그 누군가의 얼굴도 아니었다.

나는 몸이 반 개여도 잘 살 텐데

허은실
「더듬다」
『나는 잠깐 설웁다』
문학동네, 2017

우리는 타인이라는 빈 곳을 더듬다가
지문이 다 닳는다

가끔 삶이 신기하다. 매일 아침 눈을 뜨고, 밥을
먹고, 몸을 씻고, 공원을 달리고, 수많은 자전거와
바퀴와 인간을 간단하게 지나치며 무슨 생각을
하다가, 생각을 지우다가, 마음껏 팔다리를
공중에서 움직이는 그런 하루가 매일 반복되는
것. 그것이 삶이라면. 그런 것이 삶의 기쁨이고
슬픔이고 결말이고 과정이라면.

나는 언제나 대충 끼워 맞춰 살아왔다. 충분히 비어 보이는 공간의 틈에 나를 집어 넣고, 신체를 구겨 틈의 크기에 맞췄다. 시간의 활용에 대해 깊게 생각해 본 적이 없다. 빠듯한 시간표대로 살아 본 적은 10대가 끝이었다. 10대가 그다지 그립지는 않다.

종종 SNS로 '내가 이만큼 열심히 산다'는 뉘앙스의 글을 올리는 사람들을 보며 신기해한다. 그렇게 바쁘지만 매일 스토리를 일곱 개씩 올릴 시간은 있구나. 그렇다고 너의 공사다망이 거짓이라는 것은 아니지만. 치열한 하루 속에서 오늘 무엇을 먹었는지, 야근하고 집에 돌아가는 길에 지하철에서 보이는 한강대교는 어떤 모습인지, 문 닫기 직전의 한적한 헬스장에서 꿋꿋이 '오운완'[1]을 올리는 너의 하루는 안녕한지. 그런 것이 궁금하고 신기하다.

SNS를 보고 있으면 내가 너무 천천히 사는 것 같다. 오늘 내가 보낸 하루는 어제 죽은 이가 간절히 바라던 하루라던데. 나는 남의 입장에서 깊이 생각하지 못한다. 이것이 내 삶의 고된 어려움이다. 어제 죽은

---

[1] '오늘 운동 완료'의 줄임말.

사람이 당장 내 앞에 유령으로 나타나 한탄해도
내가 해 줄 수 있는 말은 없다. 어제 죽은 당신이
바라던 하루를 나는 기어코 죽은 것처럼 보냈다.

즐거운 일이 끝나는 이유는 새롭고 즐거운 다른
일이 시작되기 위해서라는 보노보노의 말처럼
모든 일은 내가 서두르지 않아도 저절로 끝나기
마련이다. 하지만 모든 일이 끝난 이후에도 나는
언제나 즐거운 편이었다. 인생이 불행하다고 생각해
본 적은 없다. 가끔 모든 게 어렵지만 대부분 괜찮고
요즘은 즐거운 일이 더 많다. 바쁘게 살지 않아도
나만의 호흡을 유지하는 것이 내 삶의 모토라서,
이토록 느긋한 발걸음이 썩 마음에 들어서……
오늘 만들어 먹은 샌드위치를 반으로 갈라 SNS에
올린다. 오늘 내가 이룬 것들보다 샌드위치 반쪽이
주는 편안함이 더 좋다.

습관처럼 구경한 후배의 SNS에는 몸이 두 개여도
모자랄 것 같다는 글이 올라와 있었다. 나는 몸이 반
개여도 잘 살 것 같다는 생각만 했다.

시를 쓰기 싫었습니다만

시가 되었네요

박시하
「빛은 영원히 영원한 어둠에게로 갔다」
『무언가 주고받은 느낌입니다』
문학동네, 2020

    아름다운 걸 줄 거야

    물속에서만 바라볼 거야

    문득, 어둠은 빛을 떠났다

무심코 재생한 1년 전의 영상에서 누군가의
목소리가 새어 나왔다. 동영상 속 불청객의
목소리는 갈매기로 오해할 만큼 앙칼졌고, 그가
떠들든 말든 파도는 계속해서 모래를 집어삼키고
있었다. 살면서 한 번도 들어 본 적 없는 비명인지
환호성인지 모를 그 목소리의 주인은 대체 누구일까
생각하는 동안 몇 마리의 새가 내 머리 위를
지나갔다. 직접 보지 못했지만 그림자로 알아챘다.

바다에서는 그렇게 눈치껏 알아차려야만 하는 일이 많았다. 목소리가 작아졌다.

나는 오늘 바다를 죽이기 위해 바다에 온 것인데 바보처럼 바다를 앞에 두고 바다가 나오는 영상을 보고 있다. 모래사장에 철퍼덕 누워서 눈을 감았다. 바다를 죽이기 전에 내가 먼저 죽을 것 같았다.

'바다가 죽었다'라는 문장을 쓰려고 핸드폰 메모장을 켰다가 다시 껐다. 바다를 죽이지 않기로 했다. 시를 쓸 때마다 긍정적인 단어보다 부정적인 단어가 많이 떠오르는 이유를 알고 싶었다. 분명 내 삶은 슬픈 날보다 기쁜 날이 더 많았는데 시를 쓰기 위해 내 아픈 기억을 꺼내야 했고 가장 깊은 가래침을 뱉어야 했다. 매복된 슬픔을 꺼내 세수를 시키고, 밥을 먹이고, 말끔하게 꾸며 바깥에 내보낼 준비를 해야 했다. 시를 쓴다는 것은 남들이 땅에 묻고 잊어버리는 타임캡슐의 위치를 오랫동안 기억하고, 해가 내리쬐는 여름날에 찾아가 거친 땅을 손으로 파헤치는 일이었다.

이것은 시로 시작하지 않았고, 시로 끝내려 하지
않았는데 시가 되었을 때의 혼란이 담긴 글이다.

기다란 폭죽 여러 개를 모래에 찔러 넣고 라이터로
불을 붙인다. 바다에 가면 괜히 불을 피우고 싶고,
불을 한가운데 모아 펑 터뜨리고 싶은 욕망이
생긴다. 어떤 폭죽은 바다 위를 가르며 점멸하고
어떤 폭죽은 불똥만 남아 모래 위에 고꾸라진다.
폭죽은 바다를 죽이려는 나만의 아름다운 노력이다.
죽이지 않기로 했는데 죽이고 싶은 마음이 드는
것은 내가 바다를 사랑하기 때문일까. 이렇게
생각하는 나는 얼마나 이기적인 육지인일까.

바다를 근처에 두고 솔직해지는 것은 위험하다.
던질 돌이 없으면 말을 던지고, 던질 말까지
바닥나면 몸을 내던질 것만 같아서……. 이런
생각에 바빠질 때 즈음 횟집의 불은 하나둘씩
점멸한다.

밤이 오면 사람들은 바다가 자기들을 죽일까 봐 도망치기 바쁘다. 아무 살의도 없는 바다가 밤에만 유독 공포스럽다. 어떤 사람은 바위 뒤에서 혼자 연기를 피운다. 나는 방파제에 발을 얹고 보이지 않는 바다 너머가 존재한다고 믿는다. 그러다 문득 방파제가 무너지면 어느 틈에 익사하게 될지 나의 죽음을 점쳐 본다.

감았던 눈을 뜨면 나는 다시 서울의 빌딩 속에서 걷고 있다. 걷는 일은 너무 쉬워서 나는 깊숙이 가라앉고 싶어진다.

고마워, 호빵

이병률
「눈이 부셔라」
『이별이 오늘 만나자고 한다』
문학동네, 2020

"밤사이 눈사람이 신발을 신고 걸어다녔나봐."
첫눈 내리던 날에
마당에 찍힌 내 발자국을 보고 당신이 내게 했던 말

운동을 마치고 닭가슴살을 사러 편의점에 가는
길이었다. 습관처럼 향한 편의점 밖에는 오랜만에
보는 호빵 기계가 있었다. 허여멀건 연기 속에서
빙글빙글 돌아가는 스테인리스 선반 위에 하얀
호빵들이 잠들어 있었다. 호빵 기계는 나에게
겨울을 알려 주는 가장 확실한 이미지다. 이토록
빨리 바뀌는 세상에서 이만큼 느리게 돌아가는
호빵들을 보니 허기가 졌다. 운동 후에 먹는

탄수화물은 독이라는 것을 알면서도 손은 자연스레 호빵을 향했다. 가끔 호빵을 보면 그 자체로 완전해 보여서 아무 도움도 필요 없는 것처럼 보일 때가 있다. 하얗고, 동그랗고, 김이 나는, 속이 가득 찬. 그래서 궁금해진다. 하지만 어떤 것을 품었다는 사실만으로 완벽하고 온전하며 어엿한 호빵은 나의 어설픈 집게질로 껍질이 뜯기고, 구멍이 생기며 이내 불온전해진다.

호빵을 봉투에 담아 계산대로 가져가자, 알바생은 능숙하고도 영혼 없이 포스기에 가격을 입력했고 순식간에 계산이 끝났다. 이제 뒤를 돌아 길빵(길에서 호빵 먹기의 줄임말)을 즐기면 되는데…… 영혼이 돌아온 알바생이 뒤에서 나에게 물었다.

"혹시 어떤 호빵이었어요?"
"네?"
"팥, 야채, 피자 중에서 어떤 거였냐고요. 맛마다 가격이 달라서요."

글쎄, 호빵을 집으며 내가 했던 생각이라곤 오로지
'맛있겠다'뿐이었다. 그 호빵의 속이 단팥인지,
야채인지, 피자인지, 민트 초코인지 알 도리가
없었다. 별도의 라벨이나 표시도 없던 터라, 결국
알바생과 나는 호빵의 겉을 이리저리 살펴보며
호빵의 속을 추리할 수밖에 없었다.

"뭔가 피자처럼 생기지 않았어요?"
"단팥 같기도 한데."
"겉으로는 아무 냄새도 안 나요. 그냥 연기 냄새?"
"당연하죠. 호빵인데……."

내 아이큐 120, 알바생의 아이큐 120, 도합 240의
아이큐로 추리해 봐도 호빵의 속을 알 도리가
없었다. 하얀 껍질 속에 온 세상의 비밀을 다 숨긴
것만 같은 호빵을 쳐다보던 알바생은 이내 무언가를
결심한 듯한 눈빛으로 입을 열었다.
"그냥 단팥 호빵 가격으로 찍어드릴게요. 그게 제일
저렴하거든요."

"아, 감사합니다."

아직도 김을 내뿜는 호빵을 손에 쥐고 빠르게 편의점에서 빠져나왔다. 대체 이놈의 속은 무엇으로 가득 찼을까. 포슬포슬하고 달콤한 팥 앙금일까. 그게 아니라면 짭조름한 당면과 두부와 야채일까. 만약 그렇다면 나는 만족할 수 있을 것인가. 소심한 궁금증을 뒤로한 뒤 한 입 크게 베어 물었고, 입 안에서는 곧 심심한 단맛이 혀를 덮었다. 그리고 검붉은 양털 구름 같은 호빵의 속이 보였다. 팥이었구나. 팥이었구나. 이토록 기대되고 달콤한 팥이었구나.

고작 10월인데, 입과 손에서 김이 나는 것이 재미있다. 알바생이 나 때문에 잔돈을 메꾸지 않아도 되어 다행이다. 그런 생각을 하며 호빵을 크게 한 입 더 베어 물었다. 호빵으로 인해 나는 조금 온전해질 수 있었다.

착한 어른은 따라하지 마세요

박참새
『시인들』
세미콜론, 2024

이 시대에 시를 읽는다는 일이 아무 쓸모가 없을지도 모른다는 것을, 나는 매우 잘 알고 있다. 그럼에도 한구석에서는 반드시 읽어야 하는 사람들이 끝끝내 모여 살벌하게 살아 있어야 한다고도 믿는다.

왕복 3시간 거리의 출퇴근을 반복하던 직장인 시절, 피곤에 범벅이 되어 도망치듯 회사를 빠져나오면 더 지옥 같은 퇴근길 지하철의 풍경이 펼쳐졌다. 지하철의 그 많은 인파를 보면 문득 인간으로 사는 일을 포기하고 땅굴을 파서 숨어 버리고 싶은 생각도 든다. 이런 생각은 보통 겨울에 더 심해지는데, 모든 사람이 입을 맞추기라도 한 듯 검은색 롱 패딩을 입고, 정원을 아득히 초과한

지하철에 타기 위해 자신의 몸을 무리에 구겨 넣는
광경을 보고 있으면 당장이라도 지하철 천장을 뚫고
지층으로 날아가 버리고 싶었다. 아르마딜로[1]의
피갑 같은, 그 검은 롱 패딩이 세상에서 영영
사라졌으면 했다.

나는 그럴 때마다 가방에서 시집을 꺼내 읽었다.
지하철에서 시집을 읽는 사람이 세상에 몇이나
될까라는 생각을 하면 오히려 내가 돋보이는
듯해 기분이 좋았다. 롱 패딩을 입은 검은 펭귄들
사이에서 고고한 분홍색 플라밍고가 된 기분이랄까.
그런 무용한 우월감이 나로 하여금 일부러 시집을
꺼내 꿋꿋이 읽게 만들었다. 덜컹거리는 만원
지하철은 독서에 집중하기 어려운 환경이지만,
직장인의 삶이란 이렇게라도 읽지 않으면 집에 가서
읽을 시간을 확보하기 어렵다. 새벽 6시에 일어나
저녁 8시에 집에 도착하고, 간단하게 저녁을 차려
먹으면 9시가 된다. 핸드폰을 조금 보고 나면 시계는
10시를 알린다. 집안을 정리하고 샤워를 마치면
11시가 되고, 잠깐 쇼츠나 릴스에 한눈이라도

---

[1] 거북이 등딱지와 비슷한 띠 모양의 딱지가 있는
포유류 동물.

팔았다가는 어느새 자정이 넘는다. 그러다 잠들면
다시 출근할 시간이 돌아온다. 그렇기에 나에게
할당된 독서 시간은 출퇴근길 지하철이 유일했다.
적어도 나의 직장인 시절은 그랬다.

그렇게까지 시간을 쪼개서 시를 읽었던 이유는
너무 단순했다. 시를 읽고 싶었으니까. 좋아하는
일을 하는 데에는 언제나 한 가지 이유만 존재한다.
모두가 알면서도 괜시리 모르는 척 궁금해하는
이유. 하고 싶으니까 하는 것. 시를 읽는 일은
세상의 무엇과도 바꿀 수 없지만, 적어도 신분당선
구석에서 초췌한 몰골로 인간의 멸종을 바라는
나의 인생을 바꿔 줄 수는 있었다. 지하철에서
시를 읽는 40분 남짓한 시간이 늘 새로운 세상으로
데려다주었고, 회사에서는 흐릿한 안개에 가려 보지
못하는 미래를 보게 해 줬다. 꿈이나 열정, 이상향
같은 것들을 말이다. 나는 시를 통해 내 자신을
투명하게 바라볼 수 있었다. 나는 이런 꿈을 꾸고
있었군, 이런 일을 하고 싶었군, 진심으로 행복하면
이런 표정을 짓는군, 사랑할 때는 상대방에게 이런

말을 해 주고 싶군…….

매일 퇴근길에서 시를 읽던 여느 날과 똑같은 출근길, 팀장님에게 개인 상담을 신청하는 메시지를 하나 보냈다. 메시지의 첫 번째 문장은, "팀장님, 저 퇴사하고 싶습니다"였다.

퇴사, 그 파괴적인 두 글자

박상수
「모르는 일」
『오늘 같이 있어』
문학동네, 2018

설마 그럴 리가 있을까? 아닐 거야. 뭔가 근사한 것
이, 있을 리는 없겠지만 아예 없을 수는 없는 거야

영화 평론가 이동진은 신문 기자로 활동하던
시절, 자신의 퇴사를 회고하며 퇴사에는 두 가지
종류가 있다고 했다. 외부에서 아주 매력적인 것이
나를 끌어당겨서 그 일을 하게 만드는 강력한
힘인 인력과 내부에서 나를 밀어내 도저히 이
일을 지속할 수 없게 만드는 힘인 척력이다. 퇴사
당시 나에게는 인력과 척력, 두 가지 힘이 동시에
작용했다. 회사에서 내가 담당한 업무는 나와 맞지

않았는데, 업무보다 나를 괴롭게 했던 것은 산업군 그 자체였다. 돌이켜 보면 이 경험 덕분에 직장을 선택할 때 직무보다 산업군이 더 중요하다는 것을 우선순위로 생각하게 되었지만, 재직 당시의 나는 나의 선택을 후회하며 하루하루를 죽을 쑨 표정으로 회사에 출근했다.

얼마나 회사에 가기 싫었냐면, 출근이 다가오는 일요일 저녁마다 심한 두통이 찾아올 정도였다. 곧 도래할 일주일의 회사생활을 떠올리기만 해도 몸살이 걸린 듯 머리가 지끈지끈 아팠고, 심한 날에는 진통제를 먹고 잠을 청해야 했다. 한심하게 들릴 수도 있는데, 언젠가는 회사에 가기 싫어서 혼자 운 적도 있다. 땅에 주저 앉아 엉엉 울지는 않았고, 침대에 옆으로 누워 왼쪽 뺨으로 흐르는 외로운 눈물 한 방울이 전부였다. 베갯잇에 생기는 무인도 같은 둥그런 섬 하나, 딱 그 정도. 나이 먹고 회사 가기 싫다고 우는 것이 제법 웃기긴 하다. 하지만 우리 모두 본래 어른의 탈을 쓴 아이가 아닌가.

나를 밀어낸 회사의 척력도 있지만, 회사 밖에서
나를 당기던 시의 인력도 강력했다. 오히려 회사
일이 안 맞으니 시에 더 몰입할 수 있었다. 풍파가
찾아와도 시는 늘 그 자리에 있었다. 마치 자신은
어디로도 도망가지 않으니 걱정 말고 언제든 꺼내
읽어 달라는 것처럼. 회사가 힘들어도 나에게는
시가 있고, 시를 읽으면 우는 사람이 혼자가 아니라
둘이 되는 기분이 들었다. 같은 농도의 눈물을
공유하는 것 같았다.

퇴사라는 이벤트는 생각보다 빠르게 끝났다. 퇴사
의사를 밝히자마자 인수인계부터 사직서 작성까지
일사천리로 진행되었고, 본인의 의지만 충분하다면
2주 안에 사무실에서 마법처럼 사라지는 것이
가능했다. 마치 애초에 없었던 사람인 듯 사무실
문을 열자마자 보이던 내 자리는 공석이 되었다.
이렇게 쉬운 거였구나 싶었다. 오히려 대학 시절
동아리에서 탈퇴하는 일이 더 어렵게 느껴질
지경이었다. 몇 번의 상담, 몇 장의 서류와 몇 개의

폴더로 정리 가능한 내 시간들이 허무하게 스쳐
지나갔다. 이렇게 쉬울 줄 알았으면 진작에 용기를
내볼걸, 후회도 됐지만 세상 모든 일에는 타이밍이
있으니까. 나의 모든 선택이 언제나 최선임을
이제는 안다.

힘든 시기일수록 자신을 보살피고 곁을 관찰하는
태도가 필요하다. 무엇이 나를 온전히 나로
살아가게 하는지, 이 고난 속에서 나를 꺼내 줄 수
있는 것은 무엇인지. 인력과 척력에 대해 고민할
수 있는 충분한 시간이 필요하다. 의외로 답은
가장 가까운 곳에 있을지도 모른다. 보통의 하루를
지탱해 주는 아주 작은 힘. 나에게는 그것이 시였고,
당신에게는 다른 모습으로 어딘가 숨어 있을
것이다. 보이지 않는 곳에서 당신을 응원하고 있을
그것을 꼭 찾기를 바란다. 힘든 일상을 보냈더라도
언젠가 거짓말처럼 행복해질 당신을 그리며 매일을
이겨내기를 소망한다.

잘 살기 보다
잘 행복 하기

남현지
「전자랜드」
『온 우주가 바라는 나의 건강한 삶』
창비, 2024

    파업을 해도
    택배는 멈추지 않고 도착했다
    이웃 나라에서 전쟁이 일어나도
    아침이면 연어가 도착했다

커다란 행복보다 소소한 행복을 좋아한다. 행복에 절대적인 크기는 없지만 행복의 크기란 내가 그것을 위해 노력한 시간과 비례한다고 생각한다. 수십 장의 자기소개서를 쓰고 몇 차례의 압박 면접을 통과해 원하던 회사에 입사했을 때 느꼈던 행복은 벼락을 맞은 것처럼 짜릿하고, 빠르게 내 몸에 엔돌핀을 돌게 했다. 공들인 만큼의 결과를 보상받았을 때의 행복이란 실로 대단하다.

그러나 나는 소소한 행복이 내 삶에 남기는 자그마한 흔적을 좋아한다. 이를테면 이런 것이다. 주말 아침에 창문에서 떨어지는 깨끗한 햇빛에 자연스레 눈이 떠질 때, 오래전에 즐겨 들었던 노래를 다시 들었을 때, 노래와 함께 폭죽처럼 아름다운 기억들이 떠오를 때, 갖고 싶었던 옷이 내 사이즈만 남았을 때, 혼자 공원을 산책할 때 어깨 너머로 들리는 아이들의 순진무구한 웃음소리, 한 여름의 하늘을 가득 채운 매미 울음소리, 중고 서점에서 책을 읽다가 누군가가 접어 놓은 페이지를 따라 읽을 때, 나는 다시 한번 삶을 제대로 살아 보고 싶고, 당장이라도 내 곁에 있는 사람에게 행복을 전하고 싶다.

자주 행복했던 사람은 잘난 사람도 아니고, 인생의 승자도 아니다. 그냥 행복한 사람이다. 그 이상의 칭찬도 호칭도 필요 없다. 지구 어딘가에서 내가 쓴 글을 읽고 있을 당신을 떠올리며, 나는 오늘만큼의 소소한 행복을 얻어 간다. 당신의 오늘에도 당신이

미처 알지 못한 행복이 숨어 있기를 바란다.
설령 그것이 인생을 잘 사는 것과는 아무 상관
없을지라도.

인생은 배신왕

¶   2023년 생일날 블로그에 남겼던 글을 재구성했다.

안미옥
「생일편지」
『온』
창비, 2017

'목적지를 정하면, 도착할 수 없게 된다.'

가지고 있던 지도에 쓰여 있던 말. 나는 백색 지도를 보고 있다. 주머니에 구겨 넣자 주머니가 터져 버렸다.

시작을 시작하기 위해선 더 많은 시작이 필요했다. 베란다의 기분. 축하 이전으로 돌아갈 수 없다는 것.

생각 없이 블로그 어플을 켰다가 3년 전 오늘
썼던 일기를 다시 읽었다. 물 흐르듯 흘러가는
서울에서의 일상과 아직도 연락이 닿는 친구들,
새로 산 시집의 깨끗한 표지, 지금 먹어도
맛있는 음식, 그리고 생일 무렵 마주했던 소중한
마음들까지……. 이 모든 게 지금과 별반 다를 바
없어서 잠깐 놀랐고, 미적지근하고 오래 기억에
남을 장면들이 그곳에 우두커니 있었다.

어쩌다 보니 생일 때마다 블로그에 글을 남기게 되었지만, 매년 돌아오는 크리스마스처럼 기대를 안고 오매불망 생일을 기다리는 건 아니다. 학교 앞 술집을 빌려서 먹고 죽자 식으로 즐기는 파티, 12시가 되면 밀려드는 형형색색 이모티콘 가득한 축하 연락, 얼굴에 케이크를 잔뜩 묻히고 찍는 폴라로이드 사진 모두 스무 살이 남긴 어렴풋한 잔상일 뿐이니까. 그런 이미지로 가득한 생일은 이제 어지럽다. 나는 조용히 케이크를 자르고, 옆집에 들리지 않을 정도의 목소리로 축하 노래를 부르며 없는 소원도 만들어 내는 작은 촛불을 후, 불어 끄는 생일날만 바랄 뿐이다.

그러나 매년 생일마다 치사량의 축하를 받게 된다. 사람 한 명이 감당하기에 과분할 만큼의 사랑을 받아서, 내내 부끄러운 하루를 보내다가 이내 생일은 지나간다. 잊을 만하면 선물과 함께 안부 인사를 건네는 친구가 있고, 연락이 없더라도 내 마음속에 늘 남아 있는 친구도 있다. 나는 모두의 안녕을 바란다.

돌이켜 보면 내 삶은 언제나 나를 배신했다. '여기서 더 나빠질 수 있을까?'라고 생각하면 보란듯이 더 나빠졌다. 이렇게까지 상황이 악화되다니, 정말 최악이라고 한탄했지만 끝은 더욱 처참했다. 하지만 '여기서 더 좋아질 수 있을까?'라고 생각했던 날들도 내 예상을 뒤엎고 더 좋아지고는 했다. 이것도 배신이라면 배신이겠다.

이런 사람은 또 없을 거야, 놀랍게도 그런 사람은 지겹도록 나타났다.
다시는 이만큼 좋아하지 못할 거야, 그것보다 훨씬 더 좋아할 수 있었다.
이날을 평생 잊지 못할 거야, 이제는 미간을 찡그려도 잘 기억나지 않는다.

인생 노래와 영화는 매년 혹은 매달 갱신되었고, 시는 읽을 때마다 소름이 끼치도록 좋았다. 결국 이렇게 하염없이 좋아만 하다가 인생이 끝나는 게 아닐까 싶었지만 그것도 나쁘지 않다. 삶이 계속 배신하는 일에 집중한다면 나는 무언가를 좋아하는 일에 열중하면 된다.

생일마다 받는 익숙한 축하에 멋쩍다가도, 12시가 지나면 일상으로 돌아와 친구들의 다정한 마음을 오래 곱씹는다. 시를 사랑해서 내 역사에 당신들을 오래 남길 수 있다. 나는 올해도 태어났다는 이유만으로 그 이상의 축하를 받는다.

작고 선량한 미움

마윤지
「새해」
『개구리극장』
민음사, 2024

미워하는 일은
세상에서 제일 달콤하다

마음으로 누굴 죽이는 일도
죽일 사람 없나
여기저기 살피며 쏘다니는 것도 재밌다

좋아하는 사람보다 미워하는 사람의 수가 더
많다. 이유는 단출하다. 미워하는 일이 더 쉽고
간편하니까. 좋아하는 일에는 시간과 노력이
필요하다. 차 한 잔을 온전히 즐기기 위해 뜨거운
물에 찻잎 우리는 시간을 견디는 것처럼(누군가는
그것에서 즐거움을 발견하겠지만), 한 대상을
좋아하기로 마음먹는 데에는 '당신을 위해 내 삶의
많은 부분을 할애하겠습니다'라는 결심이 필요하다.

나는 이 과정이 귀찮아서 그냥 건너뛰고 싶을
때가 많았다. 왜 그렇게까지 공을 들여 누군가를
좋아하고 싶어 할까? 그냥 손쉽게 미워해 버리면
안 될까? 너무 많은 사람을 한꺼번에 좋아할 필요는
없을 텐데. 내가 아는 사람들 중에서도 나를 이유
없이 싫어하는 사람이 있는데, 그런 사람들까지
사랑할 여유와 아량이 내게는 없다.

미워하는 일은 간편하고 단순하다. 테이블 위에
놓인 주인 없는 초콜릿을 먹는 것처럼 아무 생각
없이 저지른다. 그리고 이 마음을 더 즐겁게
만들어 주는 사실은, 세상에는 생각보다 미워할
사람이 너무나 많다는 것이다. 텔레비전에 나오는
연예인, 길 가다가 내 어깨를 툭 치고 지나간 행인,
지하철에서 내 등에 핸드폰을 올려 놓고 보는 사람,
궁금하지 않은 일상을 인스타그램 스토리에 매일
올리는 친구, 길에서 담배 피는 사람 등 죄의식 없이
미워할 수 있는 사람이 많다. 나는 그런 사람을 볼
때마다 속에서 끓는 불을 애써 잠재우려고 한다.

그럼에도 사그라들지 않는 감정으로 불경을 외듯이 마음속에서 가지각색 욕을 뱉는다. 눈치 채지 못하는 선에서 뚫어져라 쳐다본다. 그렇게 미워하는 마음이 더 강해진다. 대상이 사라지면 좋겠다는 나쁜 생각도 한다. 대상이 왜 여태 살아서 내 앞에 저런 모습으로 나타났는지 열불이 난다. 그렇게 맹목적으로 대상을 미워하다 보면, 어느새 마음이 다시 원점으로 돌아온다. 아무 판단도 생각도 없던 무(無)의 상태로. 증오가 극에 달하는 순간, 스위치가 꺼지듯 평정심으로 바뀐다. 저 사람도 나름의 이유가 있겠지, 모두에게 못된 사람은 아니겠지, 누군가의 자식이자 부모이고, 애인이며 친구겠지 하고 이해하는 마음이 된다. 선한 추론을 통해 내가 잠시 품었던 염오가 그릇된 것임을 깨닫는다. 이 모든 과정이 종식되는 데에 3초 남짓한 시간이 걸린다. 고작 3초면 누군가를 죽일 것처럼 미워하다가도 이내 용서하고 상대의 무탈한 하루를 빌어 줄 수 있다. 이렇게나 작고 선량한 미움이 어디 있나.

나는 오늘 또 누구를 미워할까? 행궁동의 어느 카페에서 이 글을 쓰는데, 창문 밖으로 금연 구역에서 담배를 피우는 남자가 보인다.

가끔은 혼자 멈춰 있기

고선경
「눈도 내리지 않는데 고백」
『심장보다 단단한 토마토 한 알』
열림원, 2025

길을 걷다 우연히

너의 향수 냄새를 맡고 뒤돌아볼 때

남몰래 부끄러워도 볼 때

나 혼자 간직하지 말아야지

그렇게 생각했다

"너는 뭐랄까, 자주 멈춰 있는 것 같아. 무언가를 오래 붙들고 있는 사람처럼."

친구의 모교 근처에서 술잔을 기울이다 친구가 말했다. 우리는 서로를 알게 된 지 10년이 넘어가면서 각자 상대방을 어떻게 생각하는지에 대해 이야기하던 참이었다. "자주 멈춰 있다는 게 무슨 뜻인데?" 내가 물으니, "그냥, 별것도 아닌데

너는 뭔가 깊이 매몰된달까? 근데 절대 나쁜 건 아니야. 예를 들어 나라면 툭툭 털고 일어날 작은 해프닝인데, 너는 혼자서 눈물도 흘려 보고, 그걸로 글까지 써 보고. 남들보다 오래, 그리고 선명하게 느낀다는 거지"라고 친구가 답했다.

한번은 그런 적이 있었다. 지하철 2호선으로 갈아타러 가던 도중, 내 옆을 스쳐 지나간 어떤 사람의 향수 향기가 나를 멈추게 했다. 태어나서 처음 맡아 보는 향기에 내 뇌는 즉시 '하던 일 모두 멈추고 감각에 집중함' 버튼을 눌렀고, 북적북적한 강남역 인파 속에서 한동안 가만히 서 있었다. 내가 익히 아는 향기 같으면서도 모든 부분이 미묘하게 뒤틀려 있던 그 향기가 아직도 기억난다. 늦게라도 그 분을 불러서 도대체 무슨 향수를 쓰시는지 여쭤 보고 싶었지만, 그녀는 이미 검은 롱 패딩의 파도 속으로 사라진 지 오래였다. 나는 대략 30초가량 가만히 서서 향기가 준 충격을 가다듬다가 눈앞에서 지하철을 놓치고 말았다.

일상 속에서 이런 일이 한두 번이 아니니, 친구의 말이 전부 틀리지 않을 수 있다. 나는 사랑을 할 때도, 이별을 할 때도 남들보다 확실히 여운을 많이 느끼는 사람이었다. 사랑이라는 그 찰나의 기쁨에 너무 오래 멈춰 있어서, 상대방이 나를 떠난 이후에도 내 마음은 아직 사랑에 묶여 있기도 했다. 그래서 이별을 받아들이는 과정도 오래 걸렸다. 나는 아직 충만한 사랑에 몸 둘 바를 모르는데 상대방은 이미 모든 짐을 챙기고 떠나 시야에서 사라지고 없었다. 이런 현실과 내 마음의 거리감을 좁히지 못해서 내 연애는 늘 실패로 돌아갔다.

지나간 것들을 놓지 못하고 어딘가 머물러 있는 건, 어쩌면 나에게 필요한 속도였는지도 모른다. 순식간에 머물다 사라지는 것들 속에서 가끔은 그렇게 멈춰 있어야 내 마음의 낙차를 따라잡을 수 있었다.

월요일의 악마

김경주
『고래와 수증기』
문학과지성사, 2014

월요일엔 사직서가 검색어 1위를 한다.
모두들 홀가분해지고 싶은가 보다.

친한 친구 중에 별명이 '월요일의 악마'인 친구가
있다. 거창한 이름과 달리 속뜻은 큰 의미가 없는데,
단지 월요일마다 퇴근 후에 술을 먹자고 주변
친구들을(특히 나를) 꼬시기 때문이다. 사실 악마랄
것도 없지만 왠지 악마라는 단어가 들어가니 권위
있어 보이고, 함께 술을 마시면 세상의 금기를
어기는 기분이 든다. 매주 월요일마다 술을 먹자고
하는 것은 악마 아니면 알코올 중독자 둘 중

하나인데, 아무래도 알코올 중독자보다 악마가 낫지 않을까 하는 그런 하찮은 이유도 있다.

월요일의 악마는 매주 월요일 오후 5시 즈음 카카오톡 단체 채팅방에 나타난다. 퇴근을 얼마 남겨 두지 않은 시점, 모니터 우측 하단에 노란색 카카오톡 알림이 올라온다. "오늘 술 드실 분?" 악마의 유혹에 취약한 나는 언제나 '오케이'를 외치는 편이고, 대부분의 경우 악마와 나, 둘만 모여 술잔을 기울인다. 다른 친구들은 오지 않는다. 약속 장소는 둘의 중간 지점이고, 안주는 그날그날 원하는 것으로 정한다. 다음 날 출근을 해야 하니 소주는 인당 2병 이상 마시지 않는 것까지가 악마와의 규칙이다.

이번 주 월요일에도 악마와 판교에서 만나 꼼장어에 소주를 곁들였다. 산꼼장어를 주문하면 펄떡 펄떡 살아 움직이는 분홍색 꼼장어를 산채로 내어 준다. 생명력이 넘치는 꼼장어를 뜨거운 불판 위에 올리고, 탈출하지 못하게 동그란 스테인리스

덮개로 그 위를 덮는다. 악마와 짠을 외치며 술을 한 모금 마시고, 독기를 씻어 내기 위해 안주를 한 점 집어먹는 그 시간 동안 꼼장어는 조용히 죽는다. 그런 모습을 보면 인간으로 태어난 게 죄인 것처럼 느껴지기도 한다. 다만 이런 생각을 하는 와중에도 입속에서 쫄깃한 꼼장어를 마구 씹어대고 있었다는 사실. 이런 인간의 잔인한 모순이 죄책감을 더욱 가중시킨다.

악마와의 술자리는 길어도 2시간 안에 끝난다. 다음날 출근을 위해서도 있지만, 악마가 월요일마다 술을 마시는 이유는 취하기 위해서가 아니라고 했다. 언젠가 내가 구체적인 이유를 물으니, 악마는 이렇게 답했다. "월요일은 회의감이 너무 심해. 주말 동안 내가 우려했던 일들이 그대로 일어나는 날이거든. 그래서 새로움을 조금 더하는 거야. 내 하루가 너무 뻔하지 않도록. 그리고 다가올 일주일을 잘 버틸 수 있게 해 주는 버팀목 역할도 하는 거지." 아무래도 그저 흔한 알콜 중독자의 술주정처럼 들리겠지만, 월요일의 술자리는 확실히 효과가 있다. 월요일이 이렇게 즐겁다면 다가올 일주일은 얼마나 더 재밌을까? 그렇지 않을 것이라는 것을 알면서도 내심 기대하게 된다. 이 글을 읽는 당신도 월요일에 극심한 무료함을 느낀다면 한번쯤 시도해 보기를, 괜히 내가 악마의 속삭임에 매번 넘어가는 것이 아님을 함께 증명해 주기를…….

미래의 나에게,
과거의 나에게

최지인
「기다리는 사람」
『일하고 일하고 사랑을 하고』
창비, 2022

회사 생활이 힘들다고 우는 너에게 그만두라는 말
은 하지 못하고 이제 어떻게 살아야 하나 고민했
다 까무룩 잠이 들었는데 우리에게 의지가 없다
는 게 계속 일할 의지 계속 살아갈 의지가 없다는
게 슬펐다

(이 글은 회사에 다니던 시절 블로그에 썼던
글입니다.)

나는 아직도 직장인의 삶이란 것을 믿을 수
없습니다.(인간 실격 톤으로[1]) 이렇게 거듭할 뿐인
삶을 용납할 수 없다. 매일 아침 6시에 일어나서
출근 준비를 한다. 잘 떠지지 않는 눈을 비비며
6시 50분에 부랴부랴 집에서 출발하면 8시 25분쯤

---

[1] 일본 소설가 다자이 오사무의 장편 소설 『인간 실격』의 도입부는 "부끄럼 많은
생애를 보냈습니다. 저는 도무지 인간의 삶이란 것을 이해할 수 없습니다"라는
문장으로 시작한다.

사무실에 도착한다. 가끔 재수가 없어 버스를 놓치면 5분 정도 늦을 때도 있다. 안녕하십니까. 좋은 아침입니다. 상투적인 인사를 건네고 자리에 앉아 컴퓨터 전원을 켠다. 그 이후의 기억은 암전이다. 퇴근까지의 기억은 몽땅 사라진 채, 지하철 손잡이를 잡고 위아래로 흔들리는 초점 없는 두 눈동자만이 있을 뿐이다. 칼퇴하고 집에 돌아오면 7시. 밥을 먹으면 8시. 잠깐 누워서 밀린 유튜브와 릴스를 시청하면 금방 씻고 자야 한다. 참고로 유튜브와 릴스 시청은 뺄 수 없는 필수 루틴이니 잔소리하지 말 것. 밤이 찾아오면 다를 것 없는 내일을 위해, 아무것도 바뀌지 않는 내일을 맞이하기 위해 잠을 자야만 한다. 나는 이런 것을 감히 삶이라고 부를 면목이 없다. 당장 내일이 기대되지 않는 인간의 삶이란 비참하기 짝이 없다. 이런 삶을 수년간 반복해 온 선배와 친구들, 그리고 수십년간 반복해 온 부모님의 노고가 새삼 대단할 뿐이다. 그러나 모든 이가 이렇게 산다고 해서 나도 같은 길을 택할 필요는 없다. 언젠가 내 힘으로 상황을 바꿀 것이다. 세상에 70억 명의 사람이

있다면 70억 갈래의 길이 있는 것이니까. 나는
70억분의 1의 길을 찾는 여행을 떠날 것이다. 당장
내일은 아니지만 언젠가…… 다음 주도 아니겠지만
아무튼 언젠가…… 일단 내일 전사 회의를 위해
일찍 자야 하는데…… 샹.

(그리고 이것은 퇴사한 지 1년이 지난 현재의
시점입니다.)

돌이켜 보면 값진 시간이었다. 돈으로 환산한다면
수억 원의 가치를 가진 경험이었다. 물론 그 화폐의
가치는 짐바브웨 달러의 가치¶와 비슷하다. 그래,
진심으로 돌이켜 보면 사실 배운 것은 별로 없다.
모든 경험은 외부로부터 흡수하는 것이 아니라
내부에 생긴 상처에서 피처럼 흘러나온 것에
가까웠다. 정답은 이미 내 안에 있었다. 단지 그것을
알아차리게 해 줄 방아쇠가 필요했을 뿐이다.
나에게 회사 생활의 우울감이란 달리기 시합의
시작을 알리는 신호탄이었다. 신호탄이 선수를
뛰게 하지 않는다. 선수를 뛰게 하는 것은 단단한

¶ 과거 남아프리카의 짐바브웨는 인플레이션 문제를 겪었고, 당시 100조
   짐바브웨 달러의 시장 가치가 우리나라 돈으로 400원 정도였다.

두 다리다. 신호탄은 그저 '이제 뛰어야 한다'는 사실을 선언한다. 나도 언제나 뛸 준비가 되었고, 회사에서의 부적응이 비로소 나에게 뛰라는 신호를 보낸 것이다.

언젠가 프리랜서를 청산하고 직장인의 삶으로 회귀할 수도 있지만, 그렇다 해도 후회는 없으리라. 내 힘으로 상황을 바꾸고 이상향을 이루어 낸 것과, 살면서 가장 좋아한 '시'로 돈을 벌 수 있는 삶을 살아 봤다는 사실만으로 나는 이미 다음 경기를 뛸 준비가 되었다.

(나시, 회사에 다니던 시절 썼던 글입니다.)

그냥 하루 종일 누워서 자고 싶다. 나중에 프리랜서가 된다면 맹세코 24시간 동안 잠만 자야지.

눈이 내리고 비밀은 쌓이고

성다영
「시작 노트」
『도넛을 나누는 기분』
김소형 외 19인 공저, 창비, 2025

> 그저 바라보는 것,
>
> 그저 무언가를 바라보던 나 자신을 기억하는 것,
>
> 저는 문득 이것이 시의 전부가 아닐까 생각해 보았어요.

하필 눈은 이럴 때 온다. 뭐라도 쓰고자 가볍디 가벼운 엉덩이를 책상 앞에 앉혔을 때, 좋아하는 시의 첫 구절을 필사하며 생각에 잠기려는 찰나에, 늘 가고 싶었던 집 근처 맛집으로 가는 버스의 동선을 확인할 때, 멀어졌던 친구와 오랜만에 서울에서 반가운 약속을 잡을 때 창밖을 내다보면 쌀알 같은 눈이 비의 속도보다 느리게 내린다. 참 이상하다. 내가 어떤 마음을 먹는 것만으로 이렇게

날씨가 휙휙 바뀐다는 것이. 눈이 내리는 조건은
눈의 무게만큼이나 가볍다. 가끔은 눈을 내리고
그치게 하는 신이 존재하는 것 같다.

오늘은 나갈 약속이 없지만 괜히 허여멀건 손목에
향수를 뿌려 본다. 눈 내리는 날과 어울린다는
블로그 후기를 어디선가 보고 산 향수다. 밖은
제멋대로 하얗게 물들 테고, 겹겹이 눈을 입은
나무들을 보면 나도 뭐라도 껴입어야 할 것 같다.
이렇게 들뜬 마음을 안은 채 향수도 뿌리고, 지난주
한남동에서 큰마음 먹고 구매한 스웨이드 재킷을
입었다 벗으며 화장실 거울 앞에서 소박한 런웨이를
찍어 본다. 책상 앞에 앉아 글을 쓰고자 했던 마음은
무언가 숨기려 하는 마음으로 치환된다.

눈 내리는 날은 무엇이든 숨기기 좋은 날. 가장 깊고
어두운 비밀을 털어놓아도 날리는 눈에 뒤덮여
누구에게도 가닿지 못하는 날. 그래서 나도 이곳에
비밀을 하나 빚고 간다. 나는 가장 가까운 친구들이
잘되면 축하보다 배가 먼저 아픈 사람이다. 멋있어

보이기 위해 괜히 좋아하지 않는 가수의 이름을 말한 적도 있고, 사랑 없이 사랑을 고백한 적도 있다. 집 가는 방향이 같은 친구를 배신하고 살 것이 있다며 혼자 올리브영에 머물기도 했고, 나가기 귀찮은 약속을 파투 내기 위해 독감에 걸렸다는 거짓말도 해 봤다. 이상. 눈 오는 날이 오면 괜히 하고 싶은 소소한 고백이다. 지금은 화요일 오전 10시 15분. 눈은 오늘 밤까지 쌓인다는데, 정말 맞을지 촘촘히 감시해 보려고 한다. 얼마나 많은 눈이 내릴지. 얼마나 많은 비밀이 쌓일지.

너의 꿈을 꾼 다음날

김경주
「현대문학」
『고래와 수증기』
문학과지성사, 2014

내가 사랑한 반작용과

네가 사라진 부작용을 생각해본다

네가 사라지는 꿈을 꿨어. 꿈이라서 다행이지만
동시에 꿈이라서 슬펐어. 그 꿈은 나만 볼 수
있었으니까. 아무도 볼 수 없는, 오직 나만을 위해
상영된 독립 영화 같은 꿈. 텅 빈 영화관을 대관해
혼자 영화가 끝날 때까지 홀로 자리에 앉아 있는
것 같았지. 네가 서서히 사라지는 과정을 낱낱이
관람해야 하는 기분을 너에게 전해 줄 수 없었어.
사실 이 모든 일은 꿈에서 일어났던 일이고,

외딴 아침의 정적 외에는 나를 믿어 줄 구석이
없었으니까.

꿈속의 우리는 이미 몇 번의 이별을 겪은 후였어.
이상하지. 아직 헤어진 적도 없는 우리인데,
꿈속에서는 재회를 거듭한 사이라니. 하지만 다시
말하지만 꿈이니까. 이런 인물 간의 서사는 굳이
말하지 않아도 아는 거야. 모든 거짓말을 쉽게 믿지.
걸음마처럼 자연스레 알게 돼. 꿈은 모든 역사를
수긍하게 만들거든.

다난한 이별을 겪었지만 이별은 나에게 늘 처음과
같아서, 있는 힘껏 너를 잡고 싶은 마음을 애써
누르고 순순히 이별을 받아들였네. 스무 살 대학에
낙방했다는 말을 들은 것처럼 말이야. 귀하의
사랑이 나에게 큰 감흥을 주지 못했습니다.
아쉽지만 다음 인연을 기대하세요. 이별이란 내가
어찌할 수 없는 불가항력의 영역이라는 것을
직감적으로 알아챈 것일까.

꿈이지만 눈물이 흘렀어. 눈물이 뺨을 타고 흘러 신발 앞코에 뚝, 뚝 떨어지는 소리가 들렸지. 뚝……뚝…….

알람 소리에 눈을 뜨니 어디서도 본 적 없는 햇빛이 방을 가득 채우고 있었다. 침대에 놓인 핸드폰 액정 화면에 햇빛이 닿아 부서지고, 뾰족하게 반사되어 눈에 스친다. 아무도 없는 방에서 너를 찾는다. 네가 사라지는 꿈을 꿨는데, 정말 현실 같은 꿈에 눈물까지 흘려 버렸다. 가까스로 정신을 차린 뒤 비로소 안심한 마음으로 너에게 연락을 보내고 잠옷 소매를 당겨 볼에 흐르는 빛을 닦는다. 꿈이라서 다행이지만 동시에 꿈이라서 슬펐다. 꿈속의 이야기는 전부 나의 몫이니까.

계절을 통째로 의심했네

전동균
시인의 말
『한밤의 이마에 얹히는 손』
문학동네, 2024

초록의 숲길을 걸으면서도
마음은 때로
눈 덮인 산, 헐벗은 겨울나무들을 향해 걸어가곤 했다.

강남 어느 골목에 있는 식당에서 친구와 소주잔을
맞대던 겨울이었다. 눈보다 비가 먼저 내리는
겨울이었고, 눈보다 안부와 무사(無事)가 먼저
쌓이는 겨울이었다. 뜨거운 국물에서 피어오르는
김과 한낮의 입김을 구분할 수 없는 겨울이었고,
모든 결심이 빙판에 미끄러지듯 순식간에
엎어지기도 하는 겨울이었다. 주변에 초록이라고는
살얼음 낀 소주병밖에 없는 앙상한 겨울이었다.

그때 우리는 왠지 모르지만 모 스킨케어 브랜드에서 판매하는 립밤의 효과에 대해 열띤 토론을 펼치는 중이었는데, 내 입장과 친구의 입장은 각각 이랬다.

나 "이 립밤은 대박(내가 할 수 있는 최상급의 칭찬)이다. 보습력이 6시간 이상 지속되고, 밤새 바르고 다음날 일어나면 입술에서 윤기가 철철 흐른다. 28년 살면서 이런 립밤은 본 적이 없다. 진짜 대박이다(한 번 더 말했다)."

친구 "그 립밤은 상술로 만들어진 물건이다. 내가 회사 블라인드에서 봤는데, 그 브랜드에서 일하는 사람이 립밤을 자주 쓰면 오히려 안 좋다는 글을 썼더라. 자주 쓸수록 오히려 새로운 각질이 더 많이 생겨서 입술이 벗겨진다고 하더라. 넌 기업의 상술에 놀아나고 있다."

짧은 대화로 알 수 있겠지만 토론은 나의 참패로

끝났다. 주관적인 사용 후기와 감정에 호소한 나의 발언은 친구의 '관계자 증언'에 의해 처참히 박살났다. 일말의 반박도 꺼내지 못한 채 주머니 속에 곤히 잠든 립밤을 손으로 만지작거렸다. 올 겨울 나의 입술 건강을 이 립밤에 의존하며 지냈는데, 상술이라는 말을 들으니 계절을 통째로 의심하게 되었다. 입술이 부르틀 때마다 립밤을 바르던 지난 겨울의 나날들이 엔딩 크레딧 장면처럼 머릿속을 지나갔다.

막차 시간이 다 되어 술집을 나와 담배를 피우는 친구를 기다렸다. 추운 날씨에 멀뚱멀뚱 서 있는 사람 두 명, 정확히 말하면 한 명은 아무것도 하지 않고 공중만 멀뚱멀뚱 바라보고 있는 풍경. 이럴 때는 비흡연자로 사는 일이 손해 보는 일인가 싶다가도, 나도 무료한 입을 뻐끔거리며 담배 연기 비슷한 입김을 만들어 본다. 립밤에게 배신당한 나는 유독 번들거리는 친구의 입술을 본다.

역으로 가는 길, 카드를 꺼내다가 친구의

주머니에서 나와 같은 립밤이 떨어지는 것을 봤다.
과연 그랬군. 그러나 이런 시시콜콜한 일은 시가
될 수 없겠다고 생각하며 눈이 내리지 못하는 겨울
하늘을 올려다봤다. 찢어질 것처럼 건조한 하늘에
립밤을 발라 주고 싶었다. 가끔은 상술인 것을
알면서도 기꺼이 속아 주고 싶은 마음이 있다.

여유와 끈기

문정희
「도착」
『오늘은 좀 추운 사랑도 좋아』
민음사, 2022

아무것도 아니면 어때
지는 것도 괜찮아
지는 법을 배웠잖아

어릴 적부터 아버지는 두 가지의 가치를 늘
우선시하며 살라고 하셨다. 그 말을 하셨을 때가
10년도 넘었으니, 아직도 유효한 발언인지는
모르겠지만 언젠가 아버지가 이 책을 읽으며
지을 희미한 미소를 떠올리며 한 자 한 자 성심껏
눌러 적는다. 삶에서 중요한 가치는 '여유와
끈기'. 아버지는 늘 곁에 여유와 끈기를 함께 두고
살아가라고 하셨다. 이 말을 처음 들었던 10대의

나는 도대체 어떻게 '여유'와 '끈기'가 같은 선상에서
공존할 수 있는지 쉽사리 이해할 수 없었다.
여유라는 것은 중요한 일을 끝낸 뒤에 갖는 게으름,
혹은 여분의 시간이고 끈기는 그 중요한 일을
끝내기 전까지 결코 손아귀에서 놓아주지 않겠다는
질긴 의지가 아닌가. 여유와 끈기를 동시에 같은
손바닥 위에 올려 둘 수 있는 것이 가능한 일인가.
이러한 가치 충돌 때문에 당시의 나에게 아버지의
조언은 크게 와닿지 않았다.

그러나 세상에는 끝을 내지 않아도 되는 일이
존재했다. 끝을 기다리지 않아도 그 일을 하염없이,
그리고 영원히 지속하고 싶어 하는 종류의 끈기가
필요한 일이 있었다. 나에게는 그것이 시였다. 시는
내가 아무 보상 없이 좋아할 수 있는 대상이었고, 이
짝사랑 같은 마음이 영원히 끝나지 않기를 바랐다.
시간이 지나도 시를 읽을 때만은 어린아이처럼
투명하고 행복한 웃음을 지을 수 있기를 바랐다.
이런 상황에서 끈기보다 필요한 것은 '여유'였다.
여유란 좋아하는 대상과 가끔은 거리를 두어야

한다는 것, 둘 사이에 존재하는 적당한 거리, 손만 뻗으면 닿을 수 있지만 부러 뻗지 않는 마음과 같다. 무언가를 좋아하는 마음에는 총량이 있기 때문에 주기적으로 회복할 시간이 필요하다. 덕분에 나는 시를 읽지 않는 동안에는 다른 일에 집중하며 다시 마음을 게워 내고 채울 수 있었다.

결국 한 대상을 오랫동안 사랑하기 위해서는 적당히 아끼는 마음과 적당한 거리감이 긴하다는 것이다. '사랑 = 꾸준함 + 여유'. 아버지는 잊으셨을 수 있지만, 지금도 내 인생을 지탱해 주는 가치는 여유와 끈기다. 이 두 가지만 가슴속에 새긴다면 언젠가 내가 크게 넘어지더라도 다시 일어날 수 있다는 믿음이 있다. 사실 나는 살면서 단 한 번도 아버지를 아버지라고 부른 적이 없다. 그러니 이 책을 읽을 아버지에게 남기는 마지막 한 마디는……
고마워, 아빠.

내게는 사랑이
너무 많아요

이원하
「눈물이 구부러지면 나도 구부러져요」
『제주에서 혼자 살고 술은 약해요』
문학동네, 2020

사랑하고 싶은 잘못밖에 없습니다
이렇게 나는 못됐습니다

"사랑이 너무 많아요. 그게 제 약점이에요."

올해 2월부터 모임 플랫폼의 지원을 받아
주기적으로 오프라인 시 모임을 진행하고 있다.
일명 '시집사 모임'. 시를 본격적으로 해체하고
분석하는 심도 깊은 모임은 아니고, 우리 일상에서
시적인 순간을 느낄 수 있는 매개체(예를 들면
음악이나 영화 같은 것들)를 함께 즐기며 시와

친해지는 가벼운 톤의 모임이다. 이번 주에는 일본의 하마구치 류스케 감독의 영화 〈드라이브 마이 카〉를 보고 각자의 약점을 드러내는 문장을 쓰는 시간을 가졌다. 나는 내가 개선하고 싶은 나의 못된 성격을 적었고, 누군가는 자신이 중학생 때 겪었던 슬픈 기억을, 또 누군가는 전 애인을 그리워하지만 한편으로 놓아 주고 싶은 감정적 모순에 대해 적었다.

그날 모임의 열정적인 일원이었던 진 님(가명)의 문장 서문이 기억난다. "내게는 사랑이 너무 많아요." 덤덤한 목소리로 자신의 과잉된 사랑을 낭송하는 모습이 몹시 우아하고 외로워 보였다. 너무 많은 것을 좋아하는 것이 자신의 약점이라고 했다. 사랑의 형태를 육각형 안에서 그래프로 표시했을 때, 남들의 사랑은 뾰족한 삼각형의 모습이라면 진 님의 사랑은 아주 작고 단단한 육각형일 것이라고 생각했다. 조금씩 발을 걸친 채 너무 많은 것을 사랑하는 게 고민이라는 그 말이 무척이나 외롭게 들렸다.

사랑이란 마음의 일부를 대상에게 흔쾌히 내주는 일이다. 대가를 바라지 않을 뿐더러 상대가 내 사랑을 눈치채지 못하더라도 괜찮다. 사랑은 주는 것만으로 채워지는 효능이 있으니까. 하지만 너무 많은 것을 동시다발적으로 사랑하는 일에는 전달한 마음만큼 공허함이 따라오기 십상이다. 가끔은 나도 무언가를 전력을 다하지 않고 적당히 좋아할 때가 있다. 마음을 몽땅 주기에는 아직 나에게 마련된 미래의 사랑이 너무 많기 때문이다. 사랑은 언제나 가장 어색한 얼굴을 한 채 불쑥 나타나고는 한다. 언젠가 불시착할 미지의 사랑을 위해 오늘도 마음을 분배한다.

달리기, 세상에서 가장 푹신한 감옥

이현호
「마라톤」
『아름다웠던 사람의 이름은 혼자』
문학동네, 2018

내가 조깅을 한다면
술이나 끊어 바보야, 너는 웃겠지

밤하늘을 가로지르는 별똥별 같은
그 미소가 좋아
운동화 끈을 조인다

나는 어렸을 때부터 운동에 재능이 없었다. 특히 공을 다루는 스포츠라면 최악이다. 군대에서도 선임이 "이 정도로 축구를 못하는 건 재능에 가깝다"며 더는 축구에 부르지 않았을 정도로, 남자라면 무릇 축구나 농구 같은 구기종목을 하나씩 잘해야 한다는 편견을 보란 듯이 깨부쉈다. 주변에서 그렇게 핀잔을 들으면 마지못해 하려는 노력이라도 보여야 할 텐데 지난 세월 동안 축구를

잘하려는 노력조차 하지 않았다는 점은 자랑할
만하다. 특히 남중과 남고를 졸업한 남자로서
이러기도 쉽지 않다. 그러니 나는 이 굳건한
청년에게 셀프 박수를 쳐 주고 싶다.

하지만 내가 남들보다 잘하고 좋아하는 운동이
딱 하나 있다. 앞선 시를 읽었다면 눈치챘겠지만
바로 마라톤이다. 오해할까 봐 미리 말하는데
마라톤은 '빨리 달리기'가 아닌 '오래 달리기'이다.
100미터를 15초 안에 들어가는 것이 관건이 아니고,
시간이 얼마나 걸리든 코스를 완주해야 메달을
목에 걸어 주는 절대적인 성과 지향의 스포츠다.
그것이 마라톤의 매력이기도 하다. 기록을 위해
누구와도 경쟁하지 않고 모든 경쟁은 나의 내면에서
일어난다. 아주 하찮고 불 같은 전쟁. 자신과의
싸움이 지속될수록 심장이 터질 것 같고 목이
타들어 간다. 땅을 밀어내는 발의 감각이 점점
마비되고, 의식하지 않아도 팔이 자연스럽게 앞뒤로
박자에 맞춰 움직인다. 마치 뛰기 위해 태어난
것처럼 몸이 알아서 뛰기 시작하는 순간, 러너들은

그 현상을 '롤링'이라고 부른다. 내가 처음 롤링에
진입했던 순간을 떠올려 보면, 마치 구름 위를 걷는
듯했다. 몸은 물기를 갓 짜낸 수건처럼 축축하고
나른한데 발이 저절로 움직였다. 머릿속은 텅
비었는데 이상하게 웃음도 실실 나왔다. 푹신한
감옥이 있다면 이런 느낌일까. 얼굴에 맺힌
땀이 바람에 증발해 구레나룻을 따라 소금 띠를
남기는데…… 이렇게 뽀송하고 황홀할 수가!

마라톤은 사람의 정신과 육체를 제 것이 아니게
만들어 놓는다. 하프 마라톤이라도 완주한 날에는
몇 주 동안 무릎이 아프고, 풀 코스를 완주하면
한 달은 제대로 뛸 수가 없다. 그러나 뛰고 나면
늘 같은 생각을 한다. '더 잘 살아야겠다.' 이것은
생각이 아니라 다짐에 가깝다. 그러다 현실에
치여 다짐이 가뭄의 우물처럼 말라 희미해질
때쯤 다시 한바탕 뛴다. 폐는 쪼그라들었다 다시
팽창하고, 피부가 태양처럼 이글거릴 때까지 몸을
죄다 망가뜨려 놓는다. 흐르는 땀을 티셔츠로 대충
닦으면 조금 다른 생각이 든다. 나 잘 살고 있구나,

구기 종목에는 놀랄 만큼 재능이 없지만 내 몸은
이렇게나 멀리 갈 수 있구나, 축구장보다 넓은 땅을
밟을 수 있구나,라고 혼자 되뇌며 다시 한번 셀프
박수 짝짝.

봄의 단상들

이은규
「오는 봄」
『오래 속삭여도 좋을 이야기』
문학동네, 2019

가도 가도

봄이 계속 돌아왔다

1.
벚꽃의 낙하는 숭고하다. 힘을 다해 떨어지는
것이 아니라, 미래에 힘을 맡기기 위해 떨어지는
것이므로. 365일 뒤의 재회를 기약하고 떠나는
뒷모습, 겨우내 기다림을 버티고 뽐내는 잠깐의
찬란이 좋다. 남몰래 연습이라도 한 듯 능숙한
자세로 몸을 던지는 벚꽃 잎을 보고 있으면 어딘가
존경스럽다는 생각까지 든다. 봄의 시작을 알리는

분홍빛 자유 낙하. 고작 이런 휘날림에도 벅찰
듯 일렁이는 이 마음은 너무나 확실하게, 그리고
예고라도 한 듯 반드시 찾아온다. 봄이 왔다.

    2.

개가 다른 개에게 짖는 기준을 아직도
모르겠다(나만 궁금한가?). 세상 평화롭게 턱과
몸을 땅에 붙이고 누워 있다가도, 다른 개가 오면
급히 일어나 공기를 찢을 듯이 날카롭게 왈왈,
멍멍, 짖는 마음은 무엇일까. 어떤 개는 눈길도 안
주고 그냥 보내고, 어떤 개는 머리부터 발끝까지
냄새를 맡는다. 대체 무슨 기준일까? 냄새 때문에
많은 개에게 선택받는 개는 왠지 매력적인 개일
듯하다. 외출 전에 주인 몰래 비싼 향수라도 뿌리고
산책을 개시하는 것인지는 몰라도, 모든 개가
녀석의 냄새를 한번씩 맡고 가는 걸 보면 아무래도
개 여럿 울릴 팔자인가 싶다. 그렇다면 개들이 몸을
잔뜩 세우며 짖는 대상이 되는 개는 어떤 개일까?
보는 것만으로 분노를 유발하는 개일지, 아니면
냄새를 맡는 것과 비슷하게 모두가 인사라도 한번

건네고 싶은 '얼짱' 개인지. 사람보다 강아지가 많은 신도시의 카페 벤치에 혼자 앉아 생각한다. 내 옆엔 아무도 앉지 않고 인사도 건네지 않는다. 왜인지는 생각하지 않으려고 한다.

3.
봄은 '지름신¶의 계절'이라고 누군가 그랬던가. 날씨가 갑자기 따뜻해지니 사고 싶은 것이 너무 많다. 두꺼운 패딩과 함께 겨우내 움츠러든 몸과 마음을 세탁소에 맡기고 오니, 이제 가벼운 몸으로 동네를 산책하고 싶다. 낮에는 편하게 들고 다니고 저녁에는 가볍게 툭 걸칠 수 있는 얇은 겉옷이 필요하다. 옷장에는 이미 니트가 10벌이 넘지만 4월 풍경에 걸맞은 경쾌한 색감의 니트가 사고 싶다. 니트는 또 종류가 얼마나 많은지 모른다. 메리노 울, 캐시미어 울, 알파카 울, 쉐기독 울……. 그중 쉐기독은 이름이 조금 귀엽다. 털이 복슬복슬한 슈나우저가 떠오르는 이름이다. 하지만 모두가 귀엽다고 생각하는지 쉐기독의 가격은 내가 찾은 니트 중에서 가장 사악했다. 거의 20만 원에

¶ '지르다'와 '신'을 합친 인터넷 용어.
소비를 부채질하는 신을 일컫는 말.

육박하는 금액을 니트 한 벌에 투자할 용기는 없었기 때문에 곤란했다. 니트에 쉐기독이라는 이름을 지어 준 사람은 먼 훗날 대한민국에 사는 한 청년이 고작 이름이 귀엽다는 이유만으로 쉐기독 니트를 살지 말지 고민 중이라는 것을 예상이나 했을까. 마음을 사부작사부작 밟는 쉐기독 울 니트를 장바구니에 담아 놓았다. 일주일 뒤에도 머물고 있다면 꼭 구매해야지, 하고 봄에 걸맞은 시시한 다짐을 한다.

신년 계획은 과연
지키라고 있는 것일까

유수연
「사랑은 잊히고 근육은 남는다」
『사랑하고 선량하게 잦아드네』
문학동네, 2024

> 급 사랑하는 사람이 생겨 급 마음이 아팠다 이건 가짜 마음이란 걸 알아 운동을 하러 갔다 사랑해주는 사람보단 사랑하는 사람이 나를 사랑했으면 좋겠다

이것은 새해 목표로 세웠던 '꾸준히 운동하기'를 아직도 지키고 있는 내가 대견해서 쓰는 4월 어느 밤의 적적한 일기다. 나는 새해에 이런 것들을 하겠다고 마음먹었고, 그 마음은 얼마 안 가 금방 식었지만 다행히도 완전히 꺼지지 않은 채 현재 미온만 남은 상태다. 나는 새해에 들어 어떤 것들을 갈망했을까.

1. 수영 배우기
2. 꾸준히 운동하기
3. 다양한 요리 도전하기
4. 오프라인 독서 모임 진행
5. 운전 연수
6. 후회 없는 책 집필하기

몇 가지를 제외하면 처음 목표를 세운 사람처럼 대단할 것이 없는 목표다. 어제 했던 일이 오늘도 반복되고 맛있는 음식은 언제 먹어도 똑같이 맛있으며, 사는 것은 불같이 뜨거운 경우를 제외하면 실은 적당히 미적지근하고 밍밍한 성질을 가졌다고 말이다. 돌이켜 보면 나의 어린 시절 꿈 목록에도 '운전하기' '수영하기' '책 쓰기'와 같은 것들이 있었다. 지금도 그 꿈이 이어지고 있다는 사실을 깨닫고 다시금 삶의 미적지근함에 놀라곤 한다. 그리고 수년이 지난 지금도 대부분의 목표를 이루지 못했지만, 나름 만족하면서 산다는 것이 새삼 부끄럽기도 하다.

위 여섯 가지 목표 중에서 제 의지로 지키는 것은 2번의 꾸준히 운동하기가 유일하다. 다른 목표들을 모두 외면한 것은 아니지만, 앞에 '꾸준히'를 붙일 수 있는 것은 오직 헬스장에서 하는 운동뿐이다(내 기준에서 꾸준함이란 특정 행위를 일주일에 3회 이상, 오롯이 집중해서 행해야 한다). 그 외 다른 목표 중 나의 의지와 무관하게 환경이 허락하지 않은 경우도 있었다. 대표적으로 수영 배우기가 그렇다. 어릴 적부터 물을 무서워했기 때문에 트라우마를 극복하고자 올해는 꼭 수영을 배우려고 동네 스포츠 센터에 연락했지만 평일 저녁반은 이미 인원이 꽉 찼고, 유일하게 새벽 6시 수업만 자리가 조금 남았다고 했다. 동네에서 제일가는 올빼미족인 나는 새벽 6시 수업을 당연히 등록하지 못했다……. 다양한 요리 도전하기는 집에서 일하는 프리랜서다 보니 끼니마다 요리를 하려고 하지만 마음처럼 되지 않는다. 밀키트와 배달 문화가 과하게 발달한 편리한 세상에 책임감을 미뤄 본다. 오프라인 독서 모임 진행은 넷플연가라는 모임 플랫폼의 도움 덕에 근근이 이어 나가는 중이다. 혼자서 진행했다면 중간에 미친 듯이 탈주하고 싶었을 것이 뻔하다.
넷플연가가 아니었다면 모임 최초로 모임 장이
파투를 내는 어이없는 상황이 발생했을 것이다.
운전 연수는 아직도 무섭다. 서른 살이 다 되어
가는데도 그렇다. 나는 아직도 시속 100킬로미터로
달리는 네 바퀴 달린 쇳덩이를 통제하는 것이
마법에 가깝다고 생각한다. 후회 없는 책
집필하기도 포르체 출판사의 제안이 없었다면
불가능했을 것이다. 이렇게 강제로라도 글을
쓰는 시간을 갖게 해 준 편집자 님께 감사하다는
말씀을 전한다. 어쩌다 보니 이번 글은 핑계 가득한
반성문이 되었다. 나의 느슨한 꾸준함을 지탱해
주는 운동이 문득 대견하다.

내가 귀여워
고양이가 귀여워?

박준
「앞으로 나란히」
『마중도 배웅도 없이』
창비, 2025

오늘 길어진 네 그림자가
어제 내가 그리워한 것에 닿아

다시 나란해지는 서로의 앞

프리랜서의 특권 중 하나는 평일 낮에 카페에서
일을 할 수 있다는 점이다. 유독 따스한 평일
오후의 햇빛을 맞으며 여유로운 카페에 앉아
있으면 다양한 사람을 만날 수 있는데, 나는 풍경을
바라보기 좋은 자리에 앉아 그들을 분석하는 일을
좋아한다. 오늘은 내 단골 카페에 40대로 보이는
젊은 어머니들이 단체로 오셨다. 화사한 꽃무늬
뷔스티에를 입은 사람, 날카로워 보이는 검은색

블레이저와 흰색 슬랙스를 입은 사람, 오버 핏 티셔츠에 청치마를 입고 컨버스 신발을 구겨 신은 사람……. 저마다의 취향을 두른 채 아직 소녀 시절이 묻어나는 목소리로 조잘조잘 떠드는 그들의 대화를 몰래 엿듣고 있었다. 그러다 찾아온 어머니들의 자식 자랑 타임. 우리 애가 이만큼 예뻐요. 이렇게 똑똑해요. 어머니들의 목소리가 가장 높아지는 시간에 나는 자연스레 이어폰을 끼려다가 순간 멈췄다.

"우리 애 4살 때 사진이야~ 이때 더 예뻐해 줄걸."

여러 목소리가 공중에서 서로를 덮는 중에도 그 문장만은 또렷하게 들렸다. 지나간 시절에 대한 아쉬움과 현재의 사랑이 가득 담긴 말투로, 앳된 사랑 고백보다 더 절절했던 그 말이 오늘 내 염탐의 수확이었다. 더 예뻐해 줄걸, 이 말에는 이루 말할 수 없는 애정이 담겨 있었다. 그림자를 잡으려는 일처럼 영영 닿을 수 없지만, 그림자와 닿겠다는 마음을 지우면 늘 함께할 수 있다. 손을 뻗으면 닿을 것만 같은 거리를 유지하며 닿을 듯 말 듯한 평생을 말이다. 과거를 그리워하는 마음은 그런 것이 아닐까. 닿지 못할 것을 알기에 그저 곁에 두고 살아가게 된다. 현재의 삶에 더 충실할 수 있는 이유는 언제나 찬란했던 과거가 내 배후에 있었기 때문이다.

오늘은 작업에 집중하기는 글렀군, 생각하며 노트북을 정리하고 해가 지기도 전에 집으로 돌아갔다. 집에 도착해 고양이를 만지는 엄마에게 "엄마, 나 4살 때 어땠어?"라고 나지막이 물으니, 엄마는 나를 보지도 않은 채 "귀여웠지" 하고 말았다. 계속 고양이를 쓰다듬는 엄마가 귀여웠다고 말하는 대상이 어린 시절의 나인지, 눈앞의 고양이인지 알 수 없었다. 모르는 편이 나을 것 같기도 하다.

봄이다. 그렇게 말하니 진짜 봄이야

김경인
「오늘의 맛」
『일부러 틀리게 진심으로』
문학동네, 2020

야, 바람이 분다아
너는 웃으며 말하겠지
야, 바람이 분다아아
나도 그렇게 중얼거리겠지

일어나자마자 뛰고 싶은 날이 있다. 잠에서 깼는데
평소보다 방이 환하게 빛날 때, 바깥의 일광이 유독
내 방 창문만 두드릴 때, 약속이 있냐는 친구의
연락에 없다는 말보다 먼저 만나자는 말을 보내고
싶을 때 기분 좋은 웃음과 함께 신발 끈을 꽉 묶고,
일단 뛰기 시작한다. 그러다 마주치는 아름다운
풍경은 눈동자를 렌즈 삼아 마음속에 간직하고,
케케묵은 걱정은 바람에 날려 보낸다. 내가

어디까지 뛸 수 있는지 한계를 두지 않고 무작정 시작한 달리기는 보통 10킬로미터 내외에서 멈춘다. 7킬로미터 즈음부터는 이제 그만 뛰고 싶다는 생각이 들고, 9킬로미터가 넘어가면 몸을 지탱하는 발목이 위태롭게 흔들린다. '열 번째 스플릿 완료, 기록은 00분 00초'라는 스마트 워치의 알림을 듣고 나서야 발은 천천히 걸음 폭을 좁힌다.

오늘은 4킬로미터 즈음 뛰었을 때 어느덧 울창해진 나무가 만든 그늘 아래를 지나갔다. 올해 여름은 그 어느 해보다 더울 것이라고 기상청이 말하던 것을 기억한다. 이미 녹음을 이룬 나무들을 보면 과연 틀린 말은 아닌 듯하다. 벌써부터 이렇게 생명력이 넘치다니, 유독 길었던 올해 겨울을 버티고 어김없이 찾아오는 초록이 대견했다.

그늘 아래에 들어섰을 때, 올해 처음으로 '그늘의 시원함'을 느꼈다. 4월이 다 되도록 그늘과 그늘이 아닌 곳에 별 차이가 없었는데, 오늘 만났던 그늘은 나에게 잠깐의 서늘한 휴식을 선물해 줬다. 그때 깨달았다. 아, 이제 본격적인 여름이 시작되는구나. 봄보다도 먼저 도착한 여름이구나. 계절의 한가운데를 질주하며 그늘을 벗어났다. 뜨뜻한 햇살이 다시 쏟아진다. 이미 여름이다. 한 번도 겨울을 견딘 적 없던 것처럼, 미지근한 공기가 귓바퀴를 타고 보이지 않는 뒷모습을 향해 사라진다.

둘 한 헤어지면
사 어
람 지
이 면

이은규
「목화 씨앗 속삭임」
『무해한 복숭아』
아침달, 2023

헤어질 때 다정한 사람이 덜 사랑한다
덜 다정한 사람이 더 사랑한다는 문장
그런 법칙, 어느 쪽에도 기울지 않는 마음입니다

요거트 아이스크림이 오후의 빛을 모두 반사하는
어느 카페,

내 앞에는 방금 헤어진 사람이 앉아 있습니다

사랑은 알다가도 모르는 것이라고 내가 말합니다

한 번도 알았던 적이 없으나 쉽게도 그런 말이

나오는군요

다 알면서도 후회를 덕지덕지 붙이고 저지르곤
합니다

온 세상 알아도 한 사람 속은 모른다지요

온 세상 몰라도 그 사람 속만 알고 싶다고 말하는
사람이 있습니다

두 눈을 가리고 서로의 세상에만 몰두하던 시절을
그리고 있습니다

두 사람이 헤어지면 헤어진 두 사람이 남습니다

한 사람씩 남는 것이 아니에요 그저 두 사람이에요

요거트 아이스크림이 무너지고 있는데 할 말이
끝나지 않네요 당신은 어떤 빛을 겪고 왔나요

사람은
삶의 오타

신해욱
「이렇게 추운 날에」
『무족영원』
문학과지성사, 2019

이렇게 추운 날에. 너는 있다. 여전히 있다. 터무니
없이 약속을 지키고 있다.

아주 다른 것이 되어

위대한 발명은 실수에서 시작한다는 말이 있듯이,
나는 오타에서 많은 창작 영감을 얻는다. 글을
쓸 때 생기는 오타라는 것은 너무 직관적이고
치명적이라서 발견 즉시 모두가 지적하고 싶어
하고, 생각해 보면 별건가 싶어도 막상 들켰을 때
상당히 부끄러운 존재이다. 하지만 나에게 오타는
또 다른 기회의 시작이 되기도 한다. 글을 쓸 때
보통 책상에 앉아 노트북에 타자를 입력하거나

핸드폰의 메모 기능을 활용한 짧은 구절을 적는 편인데, 종종 예기치 않은 오타의 기적이 찾아온다. 우리가 늘 쓰는 표준적인 단어에서 오타가 발생해 살짝 어긋나기만 해도 완전히 새로운 것처럼 보이게 된다. 일전에 친구가 보낸 인스타그램 DM에서도 작은 기적이 나타났다. 친구는 자신의 인스타그램 스토리에 읽던 책의 감성적인 글귀를 올렸고, 내가 답장으로 무슨 책인지 물어봤던 적이 있다. 친구는 흔쾌히 책의 제목을 알려 주며 이런 말을 덧붙였다.

"나중에 잃어 봐!"

"아 오타 ㅋㅋ 읽어 봐!"

어떤가? '읽'이 '잃'로 바뀌었을 뿐인데 단어가 갖는 힘이 수십 배는 강해진 느낌이다. '잃어 봐'라는 말은 언제든 상대방을 떠날 수 있을 것처럼 자신만만한 것 같다가 상대방을 사랑하는 마음이 물씬 느껴지는 모순적인 모양의 단어다. 만약 어느 날 애인이 나에게 이런 말을 한다면 당시에는 별 타격이 없겠지만, 헤어지고 난 뒤에는 두고두고 생각날 말처럼 느껴졌다. 이별 후 혼자 밥을 차려 먹는 저녁에 이유를 알 수 없는 눈물을 닦으며 '나중에 잃어 보라는 말은 그런 뜻이었구나' 하고 깨닫는 순간이 오지 않을까? 친구의 오타가 담긴 메시지 덕분에 이날 이후 나의 세계에서 읽어 보라는 말보다 잃어 보라는 말이 더 명징한 단어가 되었다.

당장 이 글을 쓰면서도 수없이 많은 오타가 태어나고 사라졌다. '잃어 봐'처럼 강렬한 오타는 아직 없지만, 꾸준히 글을 쓰다 보면 언젠가 또 기적처럼 백지 위에 나타날 수 있지 않을까. 방금도 '보면'을 치려다가 '봄녀'라는 오타가 났다. 봄녀, 봄녀……. 마침 이 글을 쓰는 지금도 벚꽃이 흩날리는 봄. 내가 지금 사랑하는 누군가도 봄을 닮은 '봄녀'. 봄녀를 보고 싶은 밤에 어울리는 오타다. 제법 멋지군. 이 맛에 오타를 못 끊는다.

마음 없이도 되는 일

이사라
「속수무책」
『저녁이 쉽게 오는 사람에게』
문학동네, 2018

속수무책도 속수무책일 때가 있으리

세상에는 마음만으로 되지 않는 일이 숱하다. 나도 그랬다. 10대 시절의 짝사랑과 수능이 그랬고, 20대 시절에는 연애와 군대, 취업 등 모두가 겪었던 보편적인 고난이 있었다. 일을 그르친 뒤, 그동안의 노력이 모두 수포가 되었을 때마다 '내 마음이 충분하지 않았나?' 하며 쉽게 자책하곤 했다. 하지만 시간이 지나며 자연스레 자책을 멈추고 곧 무덤덤해졌다. 대부분의 일은(어쩌면 90% 이상)

내 마음대로 되지 않는다는 사실을 이제 알기 때문이다. 그리고 하나 더, 나머지 10%의 일은 그 어떤 간절한 마음 없이도 가능하다는 것을 알게 되었다.

수능은 어쩔 도리 없이 긴장할 수밖에 없는 시험이다. 12년 동안의 학교생활을 압축해 보여주는 데다, 특히 한국에서는 대입 결과가 인생의 지표라고 여기는 인식이 강하기 때문에 더욱 긴장감을 느낄 수밖에 없다. 열아홉 살의 나도 크게 다를 바 없었다. 마킹을 실수할까 봐 펜을 쥔 손이 덜덜 떨렸고, 비슷해 보이는 2점짜리 오지선다를 뚫어져라 쳐다보고 분석했으니까. 대학에 입학한 이후에도 종종 동기들과 만나면 수능 이야기를 꺼냈다. 누구는 백분율이 얼마였네, 하향 지원을 한 거네, 실기자 특기 전형으로 들어와서 수능을 안 봤네……. 그때까지도 수능은 삶의 중요한 이벤트 중 하나였다. 나의 노력으로 일궈 낸 트로피 같았고, 그것이 금색이든 동색이든 색깔에 상관없이 그저 뿌듯한 감정만 남을 뿐이었다.

시간이 지나고 '마음대로 되지 않는 일'로 점철된 삶을 살게 된 후에 느낀 것은 수능도 결국 10%의 '마음 없이 가능한 일' 중의 하나였다는 것이다. 오히려 너무 많은 마음을 쏟는 것이 이상할 정도로 돌이켜 보면 그저 해야 하는 일 중 하나였다. '그래도 어떡해, 해야지' 같은 일. 심지어 수능은 군대와 다르게 법적으로 꼭 해야 하는 일도 아니니, 마음이 내키지 않는다면 다른 길을 찾아도 되었다. 마음 없이도 어차피 해야 하는 일, 아니, 오히려 마음은 아무 도움을 주지 못했다. 그때는 온 신경이 수능 등급에 집중되어 며칠 전부터 재수 옴 붙을까 봐 엄마의 맛있는 미역국도 감히 먹지 못했다. 그때로 돌아간다면 더 쉽고 가뿐한 마음으로 수능을 대할 수 있지 않을까. 엄마가 차려 주는 미역국에서도 아무런 징크스를 느끼지 못했을 것이다.

수능을 앞둔 학생들에게 이런 말이 얼마나 재수 없고 사치스럽게 들릴지 나도 알고 있다. 수능을 가볍게 생각하지 못하는 마음도 어쩔 수 없는 일이다. 그 마음도 당시의 특권이다. 대신 현재를 즐기고, 미래를 온 마음 다해 기대하기를 바란다. 있는 마음에 집중하고, 없는 마음을 억지로 만들어 내지 않기를 바란다. 세상이 속수무책이라도 내 마음의 주인은 오직 나뿐이라는 점을 오래 곱씹어 본다.

행복법 정리하기

박준
「지금은 우리가」
『당신의 이름을 지어다가 며칠은 먹었다』
문학동네, 2012

별이 지는 날

나에게 빌어야 하는 말들이

더 오래 빛난다

행복법에 대해 아는가? 생소할 수 있으니, 간단히 설명하자면 행복법이란 내가 만들어 낸 것으로, 일상 속에서 간편하게 행복해질 수 있는 방법들을 일컫는다. 내가 정의한 행복법의 요점은 거창하지 않아야 한다는 점이다. 나의 경우를 예시로 들어 보겠다. 나는 매일 이런 행복법들을 지키며 살고 있다.

좋아하는 음악 듣기: 새로운 음악을 꾸준히 접하는 것을 좋아해서 음악만 소개하는 해외 인스타그램 채널을 구독 중이다. 처음 듣는 가수의 음악이 내 취향을 저격할 때, 혹은 잊고 살았던 어느 노래를 오랜만에 들었을 때 소소하게 행복하다.

요리하기: 요리에 일절 관심이 없던 나는, 최근 내가 먹고 싶은 것을 직접 만들어 먹기까지의 과정과 결과가 큰 행복이라는 것을 깨달았다. 특히 좋아하는 사람과 먹을 때 더더욱 그렇다. 요리는 자존감 상승에 도움을 주고, 얼핏 들은 바로 나 자신을 위해 요리하는 사람은 정신이 건강한 사람이라고 한다.

달리기: 달리기를 좋아하는 마음으로 20대 초반부터 꾸준히 달리는 중이다. 달리는 그 순간만큼은 아무 근심도 걱정도 떠오르지 않아서 좋다. 복잡했던 머릿속을 깔끔하게 정돈하고, 새로운 생각이 끼어들 공간을 만드는 일이다.

글쓰기: 영양가 없는 글이라도 좋으니 우선 자신의 생각을 주저리주저리 써 보는 것이 좋다. 흐릿했던 생각이 뚜렷해지고, 뚜렷해진 생각은 실체를 가진 글로 세상에 남게 된다. 말이 가진 힘보다 글이 가진 힘이 더 세다. 그렇게 쓰인 글은 언젠가 책으로 만들어도 좋을 것이다. 결과나 형식은 상관없다. 기록이란 것은 모두 저마다의 모습을 가졌고, 언제나 반가운 얼굴로 나에게 인사한다. 나도 미숙하지만 이렇게 책을 통해 역사를 기록할 기회가 생겨 감사하다고 생각한다.

친구들과 술 마시기: 적당한 음주는 인생에 이롭다. 적당히만 마신다면 말이다. 특히 봄이나 가을처럼 선선하고 미지근한 날씨에 마음이 맞는 친구들과 술집 야외 자리에 앉아 술잔을 기울이며 실없는 이야기를 나누는 그 순간만큼은 세상 그 누구도 부럽지 않다. 술자리 약속이 토요일에 잡힌다면, 나는 그 주 월요일부터 가슴이 쿵쾅댄다. 마치 4시에 어린 왕자가 온다면 3시부터 설렐 것이라던 여우처럼.

고양이와 놀기: 사실 고양이가 나를 놀아 주는 것에
가깝다.

산책하기: 가장 완벽한 운동은 '걷기'가 아닐까.
그중에서도 산책은 몸과 정신 건강에 가장 이로운
행위인 듯하다. 나만의 속도로 내가 원하는 곳으로
가는 것. 세상에서 가장 평화로운 일탈. 달리기와
비슷하지만 숨이 차지도 않고 다음날 다리에 알이
배기지도 않는다. 실제로 의사들이 우울증을 겪는
사람에게 대부분 권유하는 것이 산책이라고 한다.
나도 생각이 많을 때는 하염없이 집 주변 공원을
걷는다. 무언가 해결되기를 바라고 걷는 것은
아니지만, 집에 돌아갈 때면 이미 후련한 표정이
된다.

나는 이러한 행복법을 이용해 일상을 단단하고
유연하게 지키고 있다. 이 글을 읽는 당신의
행복법은 무엇인지 곰곰 생각해 보고, 주변
사람들과 소소하고 즐겁게 나눠 보면 어떨까. 그

속에서 예기치 않게 또 다른 행복을 발견할 수 있을지도 모른다.

↓ 이곳에 본인만의 행복법을 적어 보세요!

식장을 나오며

김연덕
「느린 상처」
『폭포 열기』
문학과지성사, 2024

정오, 귓가에서 뻔하고 행복한 음악이 흐르고

친구들 결혼식에서 멍해지는 순간이 있다.

친구의 결혼식에 간다. 축하의 의미가 담긴 5만 원권 몇 장을 재킷 가슴 주머니에 넣고 지하철을 탄다. 같은 결혼식장에 두 번 이상 간 적은 없다. 같은 사람의 결혼식에 중복으로 간 적도 없다. 친구의 결혼식장은 외관으로 봤을 때 결혼식장이 맞는지 헷갈리는 곳에 있었다. 모르고 지나쳤으면 일반 회사인 줄 알았을 정도였다. 이렇게 정직하고 네모반듯한 건물에서 오늘 내 친구가 결혼을 한다니. 모든 결혼식은 대부분 비슷한 모습이다. 신랑과 신부의 오랜 친구가 사회를 맡고, 곧 부부가 될 두 사람을 소개한다. 신랑이 입장한다. 신부가 '입장'한다. 신부의 입장은 조금 다르다. 꽁지 끝이 2미터 족히 이어지는 드레스를 땅에 끌면서 조심스레 천천히 걷는다. 많이 연습해 봤지만 살면서 처음 걸어 보는 걸음걸이로 결혼식의 주인공이 입장한다. 그쯤에서 나는 조용히 생각한다. 뷔페에서는 냉모밀을 먹을까, 고기를 먼저 먹을까. 축하의 자리에 앉아 있으면서도, 내 마음은 어디에도 닿지 못한 채 배고픔 근처를 서성인다. 음식 생각에 잠깐 정신을 뺏겼다가 눈을 뜨면 어느새 신랑의 절친한 친구가 축가를 부른다. 대충 행복하게 해 주겠다는 내용인 듯해 아까 하던 음식 생각을 이어서 한다.

세 그릇 가득 채워서 먹고 다시 집으로 가는 지하철, 주말에도 많은 사람이 지하철에서 동시에 흔들리는 중이다. 비슷하게 생긴 사람들이 비슷한 핸드폰을 보며 비슷한 표정을 짓는데, 생각해 보니 8호선은

살면서 처음 타 보는 것 같다. 한 번도 앉아 본 적
없는 지하철에서 엇비슷한 풍경을 본다. 결혼식에서
만났던 고만고만한 웃음들을 떠올린다. 나는 어떤
얼굴을 하고 있었는지 기억나지 않는다.

결혼식장은 늘 비슷했고, 나도 늘 비슷하게
앉아 있었다. 누군가의 시작을 축하하는 자리에
있었지만, 이상하게도 나는 늘 끝에 더 가까웠다.

번아웃, 너 아웃!

김선재
「오늘 하루 무사하리라는 걸 알고 있었지만」
『목성에서의 하루』
문학과지성사, 2018

아침에 일어나면

내가 조금씩 빠져나갔다

이러면 안 된다는 말은 벌써 이렇게 했다는 말일까

평소보다 버거운 아침이다. 무엇이 나를 버겁게
하는지 알 수 없다. 평소와 똑같은 침대와 베개에서
똑같은 조도의 햇빛을 받으며 일어나는 아침인데
온몸이 추에 묶인 것처럼 육중하다. 평소보다
30분을 늦잠 자다가 밀린 메일에 부랴부랴 한
문장씩 답장을 적는다. 프리랜서가 되기 전에는
몰랐다. 승낙하는 메일보다 거절하는 메일이 쓰기
훨씬 어려울 줄은. 서로 의견이 맞지 않는다면

'미안해요!' 한 마디 적고 끝인 줄 알았다. 회사에도 무엇에도 소속되어 있지 않으니, 그렇게 짧은 답장을 써도 피해 볼 사람이 나 자신 외에는 아무도 없다고 생각했지만 실상은 거절만큼 어려운 것이 세상에 또 있을까 싶다. 거절의 메일을 작성할 때 나는 어느 때보다 정중한 태도로 서문을 시작하고, 당신의 브랜드와 제안에 얼마나 관심이 있는지 열심히 설명한다. 당신이 나에게 관심을 가진 만큼, 나도 당신의 열렬한 팬이라고. 그럼에도 불구하고 당신의 제안을 거절할 수밖에 없는 불가피한 이유를 설명한다. 잘못한 것도 없지만 무언가 해명해야 할 듯한 이 과정이 늘 진땀 난다. 끝으로 이후 협업은 언제나 환영하며, 항상 멀리서 응원하겠다는 말로 메일의 선물 포장을 마친다. 아침부터 이런 메일을 여러 통 쓰니 원래도 무거웠던 몸에 중력이 중첩되는 기분이다.

'사람은 바쁘면 약해진다'라는 말이 유독 생각나는 날이다. 별것도 아닌 일로 머리가 복잡하고, 평소였으면 웃어넘겼을 사소한 일도 괜히 거슬리기 시작한다. 의자를 최대한 뒤로 젖히고 만화 캐릭터처럼 두 팔을 머리 뒤로 포갠다. 눈을 감고 머리를 받친 검지와 엄지로 지끈거리는 후두부를 마사지한다. 그래도 다행이다. 일하다 잠시 멈춰서나 자신을 돌아볼 여유가 있으니까. 이렇게 자신을 돌아볼 여유도 있는데, 대체 왜 번아웃과 유사한 감정이 드는 걸까? 나는 다른 사람들에 비해 부지런히 살지도 않는데⋯⋯ 이렇게 쉽사리 번아웃이 올 리 없다. '이 정도면 번아웃이 아니고 그냥 아웃 아니냐며'라는 친구의 블로그 글 제목이 생각나 피식 웃었다. 오늘의 첫 번째 웃음이었다.

번아웃이라는 단어는 대체 누가 만들었는지. 우선 단어부터 너무 강렬해서 위축된다. 번(burn), 불로 태운다는 뜻이다. 생각만 해도 뜨겁고 매캐하다. 번아웃을 최대한 부드러운 단어로 바꿔 부르고 싶다. 아무 해도 가하지 못하는 수수한 어감으로. 자신을 돌아볼 겨를이 없어 혼자 몹시 피곤해지는 상태니까. '조용해짐'은 어떨까? 실제로 번아웃이 오면 말수가 적어 조용해지기도 하고, 힘껏 움직이던 열정의 엔진이 힘을 잃고 덜덜덜, 점차 고요한 상태가 되니까. 조용해짐. 나 지금 완전 조용해졌어. 이유는 모르겠지만, 오늘 아침에 눈을 뜨자마자 느꼈어. 나 요즘 조용해짐. '번아웃'보다 다정한 이름을 붙여 주니 지금 나의 소진된 마음이 마냥 밉지만은 않다.

아마 내일의 나도 오늘과 같은 침대에서 코를 골다가 같은 햇빛을 받으며 눈을 뜨겠지만 마음가짐은 조금 바뀔 것이다. 나 지금 완전 조용해짐. 그래서 나름 괜찮음.

† 양안다
「복잡하고 어지러운 초콜릿 소년」
『이것은 천재의 사랑』
타이피스트, 2025

‡ 안미옥
「여름잠」
『저는 많이 보고 있어요』
문학동네, 2023

† 　　안녕, 이라는 말은 이상하다. 기쁠 때도 슬플 때도
　　우리는 안녕, 한다. 어제 떠날 때 안녕, 오늘 만날
　　때 안녕.

‡ 　　안녕, 잘 지내. 여름을 잘 보내.

안녕이라는 단어는 불안하다. 뒤에 무엇이 따라올지
알 수 없으니까.

안녕 뒤에 어떤 문장이 제일 잘 어울릴지 고민한
적이 있다. 기쁠 때나 슬플 때나 안녕이라는 단어의
모습은 변하지 않지만, 안녕을 둘러싼 분위기와
읊조리는 목소리의 높낮이는 분명히 다르다. 생긴
것도 둥글둥글해서 혼자 두면 저 멀리 굴러갈 것

같은 안녕을 어떻게 단어 속에 숨겨야 할까. 아니, 굳이 숨겨야 할까? 일단 해맑게 안녕, 외치고 그다음 수는 운명에 맡겨야 할까. 안녕은 누구를 기쁘게 하고 누구를 슬프게 할까. 당신의 안녕을 바라는 나는 과연 안녕할까.

'잘 지내'보다 안녕에 어울리는 단어는 없다. 이것이 나의 답이다. 뒤에 물음표가 불쑥 솟을 수도 있고 무거운 마침표가 발을 밟을 수도 있지만, 이러나저러나 결국 '잘 지내'가 최적의 답이다. 우리는 걱정에 후하고, 행복에 엄격하다. 그렇다고 대단한 목표 의식을 갖고 사는 것도 아니다. 결국 우리의 목표는 고작 '잘 지내는 일'이 전부일 테다. 먹고 싶은 음식을 마음껏 먹는 일, 평소보다 덜 막히는 퇴근길, 무더운 여름에 시원한 그늘에서 맞는 산들바람, 사랑하는 이들의 웃음……. 이렇게 일상 속에서 작게나마 잘 지내는 일. 그리고 그 사실을 인식할 수 있는 여유가 우리 삶의 기저에 있기를 바란다. 내 안부를 듣는 당신도 나와 같이 잘 지내기를 바라며 건네는 인사. 안녕, 잘 지내. 혹은 안녕, 잘 지내? 기분 좋은 날에는 뒤에 느낌표가 껑충 뛰어오를 수도. 안녕, 잘 지내!

사랑할 땐 누구나 최악이 된다

권민경
「자연-밤의 중간」
『온갖 열망이 온갖 실수가』
문학동네, 2024

한 사랑이 끝나는 동안 나는 넋을 놓고 앉아 있었다
천변엔 왜 이렇게 사람이 많을까 개가 많을까 개를
데리고 나오지 않은 사람의 집에 고양이가 있을
까 상상하며

노르웨이 영화인 〈사랑할 땐 누구나 최악이 된다〉
제목처럼 사랑하는 동안 나는 늘 최악이었다. 내가
상처받은 만큼 상대에게 상처를 주고 싶어 했고,
나의 옹졸한 마음을 숨기면서도 상대가 진작 눈치채
줬으면 했다. 나는 별것도 아닌 일에 토라졌지만,
상대는 늘 너그럽게 나를 이해해 주기를 바랐다. 내
사랑은 늘 내 자신에 대한 동정심과 상대를 향한
집착이 전부였다. 적고 보니 이렇게 최악인 사람이

또 어디 있을까 싶지만, 사랑 앞에서는 누구나 어린 아이가 된다는 말마따나, 모든 사랑에서 나는 늘 어리숙하고 서툴렀다.

영화 속 주인공 율리에는 사랑 앞에서 여러 그릇된 선택을 한다. 남자친구를 두고 바람을 핀 뒤 결국 자신이 이별을 고하지만 얼마 못 가 후회하며 펑펑 우는 등 사랑할 때 사람들이 저지르는 실수들을 그대로 답습한다. 영화를 보는 동안 나는 마음속으로 율리에를 욕하고 비아냥댔다. 어떻게 사랑하는 사람에게 깊은 상처를 줄 수 있나. 당신을 가장 사랑해 주는 사람을 배신하다니, 정신이 나갔군. 그러나 영화가 끝나고 엔딩 크레딧이 올라올 때 알 수 없는 기시감이 들며 몇 가지 사실을 상기했다. 나 역시 사랑할 때 정말 최악이었다는 사실을. 사랑을 하는 인간은 모두 그렇게 설계되어 있다는 것을.

영화의 끝에서 율리에는 결국 나름의 해답을 찾는다. 사랑은 피할 수 없는 감정이기에 최악이

될지언정 마음껏 사랑을 즐기고, 사랑 앞에서
나체가 되기로 한다. 사실 이것은 해답을 찾지
않기로 결심한 것에 가깝지만, 그것도 해답에
가까워지는 갈래일 것이다. 사랑이 시작하고 끝나는
동안, 그리고 이별에서 가까워지고 멀어지는 동안
나는 늘 최악이었다. 차악이라도 되려 노력했지만
세상에서 가장 어쩔 수 없는 일이 사람과 사람 간의
마음을 조율하는 일이다. 이제는 돌이킬 수 없는
지난 사랑의 파편을 몸에 가시처럼 심는다. 어쩔 수
없는 일은 어쩌지 않기로 한다. 아직도 내 사랑은
최악이기만 하다.

기차는 어둠을 뚫고, 다시 어둠으로

박소란
「사운드 오브 뮤직」
『있다』
현대문학, 2021

　　　　살 수가 없어 도무지 살 수가
　　　　기차를 타고 아주 멀리 떠나려 할 때마다

어둠이 끝난 뒤에도 잔존하는 어둠은 무엇이라
불러야 할까. 유후인에서 후쿠오카로 돌아오는
붉은색 특급 기차의 2호차에 손님이라고는 오직 나
혼자였다. 해는 이미 능선을 넘어간 지 오래였고,
분명 방금 터널을 빠져나온 것 같은데도 여전히
칠흑인 바깥이 생경했다. 가로등도 없는 숲속의
적막을 기차는 모른다. 기차에 몸을 실은 나는 안다.
끝없는 어둠이란 얼마나 무서운 것인지. 주민 없는

마을처럼, 월식 아래 호수처럼, 주인 없는 강아지의 눈동자처럼, 그런 풍경을 맞닥뜨릴 때마다 괜히 미안해지는 어떤 마음처럼. 언젠가 부모님의 마음에 큰 못을 박았던 사춘기 시절의 일을 회고하다가 그만두는 것처럼. 부끄럽다가 이내 구겨 버리는. 그러나 누구에게, 왜 미안한지 이유도 모르는 채 한없이 계속 미안해지는 2호차 5A 좌석의 나. 어둠은 그런 마음을 데려온다. 짐작만으로 죄스러운 마음을.

후쿠오카로 가는 2시간 동안 나는 창밖에 몰두했다. 아무 일도 일어나지 않는 풍경이 정말 아무 일도 일어나지 않을지 의심하며 뚫어져라 쳐다봤다. 어둠의 끝에 다시 어둠이 기다리고 있다는 것이 이상했다. 사실 나는 2시간 동안 아주 기다란 터널을 지나는 중일 수 있겠다고 생각하며 눈을 감았다. 눈을 감으나 뜨나 똑같은 어둠이었는데, 어느 시점부터 내가 눈을 떴는지, 감았는지 구분할 수 없었다. 어둠 속에서는 어둠을 찾을 수 없었다. 가끔 멀리 마을에서 나오는 빛이 희미하게나마 시야를

밝히다 다시 어둠. 그냥 어둠. 또 어둠. 어둠이라는
단어는 정말 어둠처럼 생겼기에 의심할 수 없다.
'어'로 뭔가 시작될 듯하지만, '둠'으로 입을 꾹 닫아
모든 빛의 누수를 차단해 버린다. 반면 빛은 정말
빛처럼 생겼다. 발음과 동시에 입이 씨익 열리고,
빛의 번짐 같은 치읓이 책상 위의 스탠드처럼
아래를 밝히듯 퍼지니까. 어둠 뒤에도 존재하는
어둠은 닫았던 입을 다시 닫는 일이라고 생각하며.

유후인에서 멀어지고 후쿠오카에 가까워지는 동안
나는 어둠과 덩그러니 남겨졌다. 어두운 유리에
스치듯 비치는 나의 수척한 얼굴을 보고 멈칫
놀라기도 했지만, 아무 일도 일어나지 않는 바깥이
의심돼서 내내 바깥만 쳐다보았다. 쿠루메역을
지나고 나는 어둠을 겨드랑이에 끼운 채 잠에
들었다.

넌 갓생하렴,
난 그냥 살게

진은영
「우리는 매일매일」
『우리는 매일매일』
문학과지성사, 2008

우리의 사계절

시큼하게 잘린 네 조각 오렌지

터지는 향기의 파이프 길게 빨며 우리는 매일매일

'갓생'이라는 단어가 유행한 적이 있다. 아마 내가 한창 첫 회사에 다닐 때였던 2021년쯤으로 기억하는데, 그놈의 갓생이 나는 유독 싫었다. 싫어도 너무 싫어서, 마치 갓생에게 원수를 진 사람처럼 대했다. 갓생을 사는 친구를 보면 그렇게 미울 수가 없었고, 사내에서 갓생을 주제로 한 프로모션이나 마케팅 기획안을 작성해야 할 때면 너무 열을 받은 나머지 전두엽이 지끈거릴 정도였다. 갓생을 향한 나의 증오에는 명백한 이유가 있었는데, 그것은 바로 내 삶이 갓생이 아니기 때문이다.

내 인생은 갓생과 정확하게 반대되는 유형에 속한다. 앉거나 서지 않아도 된다면 무조건 누웠고, 내키지 않는 일은 대부분 하지 않았다. 회사 재직 시절에는 최대한 정시에 맞춰서 회사에 출근했고, 퇴근하자마자 헬스장 벤치가 아닌 내 방 침대에 누워 밤새 유튜브를 보는 일을 사랑했다. 먹고, 자고, 싸고의 반복……(이건 갓생은 고사하고 인생도 아니다). 하지만 나는 내 인생에 200% 만족했다. 충분히 배를 채우고, 양껏 잠을 잔 날에는 하고 싶은 일에 몰두했다. 내가 좋아하는 달리기도 하고, 시도 많이 읽고, 기타도 치고……. 갓생러들에 비하면 딱히 자기 계발에 도움되는 일은 아니지만, 내 취미는 언제나 나에게 확실한 행복을 안겨 줬다. 덕분에 나는 내가 어떤 일을 할 때 행복해지는지 깨달은 사람이 되었다. 갓생은 아니지만, 갓생보다 행복한 인생을 사는 셈이다.

시간이 지나고 보니 이렇게 쉽게 행복해지는 방법을 일찍이 알게 된 것 자체가 나의 재능이었고, 일생일대의 행운이었다. 최근 마케팅 소식을 훑어 보니, 요즘 트렌드는 갓생에서 게으름으로 넘어가는 중이라고 한다. 주어진 시간 속에서 과하게 사는 일에 대한 부작용이 서서히 나타나기 시작한 것이다. 마치 마라톤 초반에 오버 페이스로 달리다가 호흡 조절에 실패해서 후반에 지치는 것처럼 말이다. 갓생의 태초부터 몰락까지 지켜보며 늘 게으르게 살아오던 나는 졸지에 트렌드를 주도하는 사람이 되었다. 한 달 전 쯤에 한 잡지사와 인터뷰를 진행했는데, 인터뷰어가 나에게 이런 질문을 던졌다. "이력을 보면 스무 살 때부터 정말 부지런히, 그리고 열심히 살아오신 것 같아요. 어떻게 그렇게 새로운 일을 계속 시작할 수 있나요?" 나는 연신 고개를 갸웃거리다 대답했다. "제 기준에 '열심히'는 하기 싫은 일도 꿋꿋이 해내는 거예요. 성숙한 삶이죠. 반면에 저는 그냥 제가 좋아하는 일을 계속했어요. 힘들지도 않았고, 오히려 행복하기만 했죠. 좋아하는 일을 하는데 힘이 들 일이 있나요. 그러니 저는 한 번도 열심히 산 적이 없어요."

내가 살아온 삶은 갓생도 아니고, 열심히 사는 인생도 아니었다. 나는 그냥 나의 삶을 살았다. 좋아하는 일에 몰두하고 싫어하는 일을 회피하며. 본받을 만한 어른은 되지 못했지만 행복한 어른은 가능했다.

네가와 라이프스타일

박찬일
「우주를 건너는 법」
『나비를 보는 고통』
문학과지성사, 1999

달팽이와 함께!
달팽이는 움직이지 않는다
다만 도달할 뿐이다.

후쿠오카의 작은 이자카야에서 타카히로 씨와
료 씨를 만났다. 계획된 만남은 아니었는데,
사건의 발단은 이렇다. 식당에서 유일하게 혼자
온 손님이었던 나는 바 자리에 앉아 다양한 일본
안주와 술을 페어링하며 미식을 즐기고 있었다.
가볍게 생맥주 두 잔으로 시작한 뒤 산뜻한 하이볼
한 잔, 그 뒤엔 일본의 다양한 지역에서 조주하는
술을 시키려던 참이었다. 그러던 중 내 옆 테이블에

앉아 있던 일본인 남자 두 명이 마시던 술이 굉장히 맛있어 보였다. 일본어로 간단한 회화는 가능하지만 글자는 하나도 읽을 수 없던 나는 일본어로 된 메뉴판을 봐도 도통 어떤 술인지 알 길이 없었다. 이럴 때는 나의 성향이 외향적(TMI지만 나의 MBTI는 ENFJ다)인 것에 감사하다. 나는 약간의 취기로 얻은 자신감을 가지고 옆의 남자 두 명에게 말을 걸었다.

"스미마셍. 고레와 난데스까?"

두 남자는 별로 놀라지도 않으며 흔쾌히 술의 이름을 알려 주었다. 나는 되지도 않는 일본어를 머리에서 쥐어짜 내 "아리가또 고자이마스. 와따시와 간고쿠진데스. 툐코오니 키마시타(감사합니다. 저는 한국인이에요. 오늘 여행 왔어요)."라고 말했다. 둘은 전형적인 일본식 감탄사인 "에에-!"를 외치며 내가 일본인인 줄 알았다고 했다. 그날 오전에 일본 백화점에 산 옷을 그대로 입고 있었는데, 아마도 그것 때문에 내가 일본인으로 보이지 않았을까. 아무튼 나에게 친절히 술의 이름을 알려 준 두 남자의 이름은 타카히로와 료. 정확히는 료타로였지만 나에게 료라고 불러 달라고 했다. 나는 내 자신을 '훈'이라고 소개했고, 우리는 작은 이자카야에서 2시간 동안 함께 술을 마셨다.

나는 일본어를 할 줄 몰랐고, 그들은 한국어를 할 줄 몰랐다. 대부분의 대화는 영어와 약간의 일본어, 그리고 파파고 번역기의 도움이 있었다. 2시간 동안 타카히로 씨, 그리고 료 씨와 꽤 다양한 이야기를 나눴다. 내가 일본 애니메이션 〈죠죠의 기묘한 모험〉을 통해 일본어를 배웠다는 것, 타카히로 씨는 20년 전인 2005년에 부산에 놀러 간 적이 있다는 것, 료 씨는 3년 반 사귄 여자친구와 결혼을 생각 중이라는 것, 료 씨는 후쿠오카에서 태어나고 자랐지만 유후인에는 한 번도 가 보지 못했다는 것……. 타카히로 씨는 영어를 곧잘 했지만 료 씨의 영어는 매우 미숙했는데, 자신감 하나는 내가 보았던 그 누구보다 굉장했다. 마치 일본

프로 야구 선수 가와사키 무네노리의 영어 실력을 보는 듯했다.[1] 료 씨의 영어는 발음도 정확하지 않고, 문법도 뒤죽박죽이었지만 전달하고자 하는 바가 명확했다. 듣는 사람 입장에서도 이해하기 쉬웠다. 료 씨는 그런 자신의 영어를 일본에서는 '네가와 잉글리시'라고 부른다고 했다. 내가 네가와가 누구지?라는 갸우뚱한 몸짓을 보이자 "아아, 재팬, 훼이마스 코미디언(일본에서 유명한 코미디언)"이라고 설명해 준 것은 덤이다. 료 씨의 네가와 잉글리쉬는 뚜렷하고 우렁차서 마치 모든 말을 대문자로 말하는 듯했다. 짧은 머리에 빈틈없이 까맣게 탄 피부를 한 료 씨의 인상과도 잘 어울렸다. 단어가 생각나지 않을 때는 '어어'나 '에에' 같은 추임새를 섞기도 했지만, 그것까지 네가와 잉글리시의 일부로 보였다. 저렇게 커다란 자신감만 있다면 이 지구 어디에서 살아가도 많은 친구를 만들 수 있겠다고 생각했다. 네가와 잉글리시란 참으로 대단한 것이구나. 어쩌면 나는 궁극적으로 네가와 라이프를 살고 싶은 것일지도 모르겠다는 생각마저 들었다.

[1] 가와사키 무네노리는 어눌하지만 자신감 있는 영어 실력을 가진 것으로 유명하다.

그날 우리는 각자 일본 전통주를 서너 잔씩 마셨고, 나는 숙소로, 타카히로 씨와 료 씨는 각자의 집으로 돌아갔다. 저녁 값으로 이렇게 많은 돈을 쓸 생각은 없었지만, 분명히 얻는 것이 있었다. 그건 바로 네가와 잉글리시. 세상에 모르는 것투성이라도 어딘가에 작은 틈이 있을 것이다. 내 눈에만 어렴풋이 보이는 아주 작은 틈 말이다. 그것을 꽉 잡고, 세상과 무작정 대화하고 싶다. 내가 믿는 근거 없는 자신감, 그것이 바로 네가와 잉글리시, 네가와 라이프스타일.

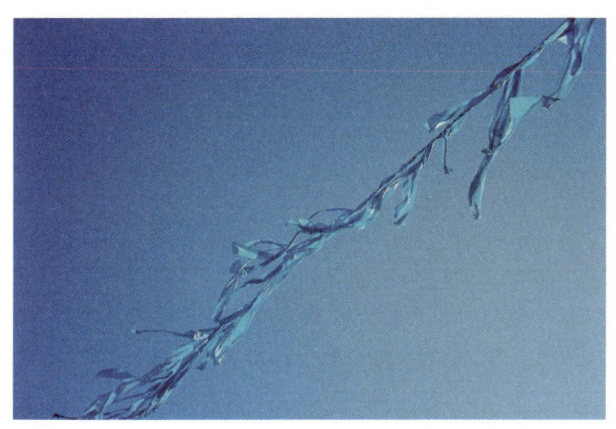

뻔한 제목을 지으려다가 실패했어

임원묵
「회식날」
『개와 늑대와 도플갱어 숲』
민음사, 2024

그가 알려 준 노래를 신청곡으로 적어 냈다 음악에 별 취미는 없는데, 그가 자주 듣던 노래를 적어 내면 그 곡을 아느냐고, 멋지다고 말해 주는 사람이 한 둘쯤 있었고 그럴 때마다 나는 그냥 웃어 주었다 아름다운 그라면 손사레를 쳤겠지만

잘 지내나요? 마지막으로 본 것이 4년도 넘었으니, 어떻게 지내고 있을지 쉽사리 상상하기도 어렵습니다. 저는 여전히 4년 전과 같은 꿈을 꾸고 있고, 그 꿈에 조금씩 가까워지는 것 같기도 합니다. 살면서 처음 가 보았던 멕시코 식당 앞에서 당신과 나눴던 대화를 기억합니다. 나는 언젠가 꼭 책을 쓸 것이라고, 책이 되었든 잡지가 되었든 재밌는 콘텐츠를 만들고 많은 사람에게 기쁨을 주는 직업을

갖고 싶다고 당신에게 말했던 기억이 생생합니다. 그게 정확히 어떤 일인지도 모르면서 일단 목소리만 높이면 되는 줄 알았습니다. 그러나 당신은 내 꿈을 의심 없이 응원해 줬습니다. 나조차도 알 수 없던 내 꿈이 언젠가 이뤄질 것이라고 당신만은 호언장담했습니다. 꿈은 주변의 응원을 먹고 자랍니다. 덕분에 나는 시절마다 꿈에 가까워지고 있습니다.

당신이 내게 처음으로 알려 줬던 노래를 기억합니다. 동화 같은 신디사이저 소리가 겨울 밤하늘에 내리는 함박눈 같았습니다. 우리는 같은 인디 밴드의 음악을 좋아했고, 언젠가 당신이 레코드 가게를 차리게 된다면 내가 단골이 되어야겠다고 스쳐 가듯 약속했습니다. 나는 우리가 새끼 손가락을 걸었던 모든 약속을 기억합니다. 지키지 못한 약속은 가슴속에 오래 남아 혼자서라도 지키는 약속이 되었습니다. 홀로 도착한 레코드 가게의 주인은 당신이 아니고, 내가 오늘 여기에 온 이유도 당신이 아닙니다. 지금 흘러나오는 음악도 당신이 알려 줬던 음악이 아닙니다. 그런 우연은 일어나지 않고, 이후로도 아무 우연도 없는 단조로운 인생이 흘러갑니다.

책이 나오면 꼭 당신에게 전해 줘야겠다고 생각했습니다. 책을 쓰는 어떤 순간에는 이 책을 불태우고 싶었고, 조각조각 찢어 눈송이처럼 날리고 싶었다가 아무도 보지 못하게 세상 끝에 있는 금고에 집어넣고 바다에 빠뜨리고 싶었습니다. 그럼에도 밤마다 책상 앞에 앉았던 것은 지구 어딘가에서 나와 같은 기타 루프를 듣고 있을 당신을 위해서였습니다. 당신은 지금 어디쯤 멈춰 있나요? 신디사이저의 숲에서 길을 잃었는지, 바위들이 굴러떨어지는 드럼 솔로의 산 중턱에 있는지, 잔잔한 보컬의 파도 위에서 배영 중인지 궁금합니다.

잘 지내나요? 4년 동안 나는 무럭무럭 자랐습니다. 당신의 응원을 먹고, 당신이 알려 준 음악을 듣고. 이 편지가 당신에게 무사히 닿는다면 나는 오래 행복할 것 같습니다. 딱 한 번의 우연을 바라며 시작한 일이 이렇게 멀리 왔습니다. 더 이상의 우연은 바라지 않겠습니다. 내 꿈은 언제나 당신의 꿈이 이뤄지는 것이었다고, 이제서야 고백할 수 있습니다.

천국에선 소원이 무용할 것입니다. 그럼에도 당신에게 나의 소원을 전합니다.

당신은
당신과
사랑에 빠질지도 몰라

임솔아
「어째서」
『괴괴한 날씨와 착한 사람들』
문학과지성사, 2017

>   죽어버리겠다며 식칼을 찾아 들었는데
>   내 손에 주걱이 잡혀 있던 것처럼
>   그 주걱으로 밥을 퍼먹던 것처럼

무언가를 해야 한다는 생각이 들면 3초 안에
시작하라는 동기 부여 영상을 봤다. 몸으로 직접
겪는 경험보다 값진 것은 없으며, 다양한 경험을
하기 위해서는 고민하지 말고 일단 시작하라는
말이다. 나는 이 영상을 보자마자 감화되어
침대에서 몸을 일으켜 컴퓨터 앞에 앉아 새로운
콘텐츠 기획을 시작했지만, 30분도 안 되어 다시
침대에 눕고 말았다. 생각 없이 넘긴 쇼츠나 릴스

속에서 얻은 동기 부여는 유통기한이 짧다. 고작 60초로 60년을 바꾸겠다는 생각부터 과욕이지 않을까. 그보다 나는 나만의 시작법을 만들었다. 내가 일을 당장 시작하는 방법은 바로 '기대하기'다.

1단계는 똑같이 침대에 누워 핸드폰을 하면 된다. 핸드폰으로 의미 없이 스크롤을 내리다가 '내가 지금 침대에 누워 있는 것이, 지금 당장 내가 해야 할 일을 하는 것보다 의미가 있을까?' 고민한다. 이것이 2단계. 그리고 3단계가 바로 '기대하기'. '그렇다면 내가 해야 할 일을 하고 난 뒤에 나는 얼마나 상쾌하고 후련할까?' 혼자서 잔뜩 기대하고 설레발친다. 대표적인 예시는 운동이다. 유독 운동을 하기 싫은 날이 있다. 몸은 괜히 뻑적지근하고 중력이 평소보다 세 배는 더 강해진 듯한 느낌이 든다. 그럴 때 나는 보통 순순히 운동에 가지 않지만(운동하기 싫다는 몸의 말도 중요하게 생각해 귀 기울여 듣는 편), 오늘만큼은 꼭 가야 해! 싶은데 몸은 움직이지 않을 때 침대에 누워 고요히 가까운 미래를 기대한다. 지금 이 나태를 뿌리치고 헬스장에 도착하면 나는 나를 너무 사랑하게 될지도 몰라. 오늘 잘하면 벤치 프레스 신기록을 세울 수도 있지 않을까? 땀 흘리며 운동한 뒤의 샤워는 얼마나 시원할까? 그런 우습고 귀여운 기대. 이렇게 기대하는 마음 덕에 나는 헬스장에 출석하고, 요리를 하고, 포엠매거진 채널을 운영하고, 이 책을 완성할 수 있었다.

이러한 기대들이 지금까지 나를 먹여 살리고 키웠다. 하기 싫은 일을 꿋꿋이 해내게 만들었고, 생의 앞길에 놓인 무거운 바위도 번쩍 들어 올리게 했다. 아무것도 하기 싫은 날에는 하지 않아도 된다. 일을 꾸준히 하기 위해서는 적당한 휴식이 필요한 법이다. 하지만 오늘만큼은, 정말 지금 이 순간만큼은 꼭 해야 하는 일이 있다면, 우선 나처럼 기대해 보라. 10분 뒤, 1시간 뒤, 다음 날의 당신을. 당신이 그토록 하기 싫어하는 일을 결국 해내고야 만 모습을 그리는 것이다. 그 모습이 너무 대견하고 아름다워서 나 자신을 너무 사랑하게 될지도 모른다.

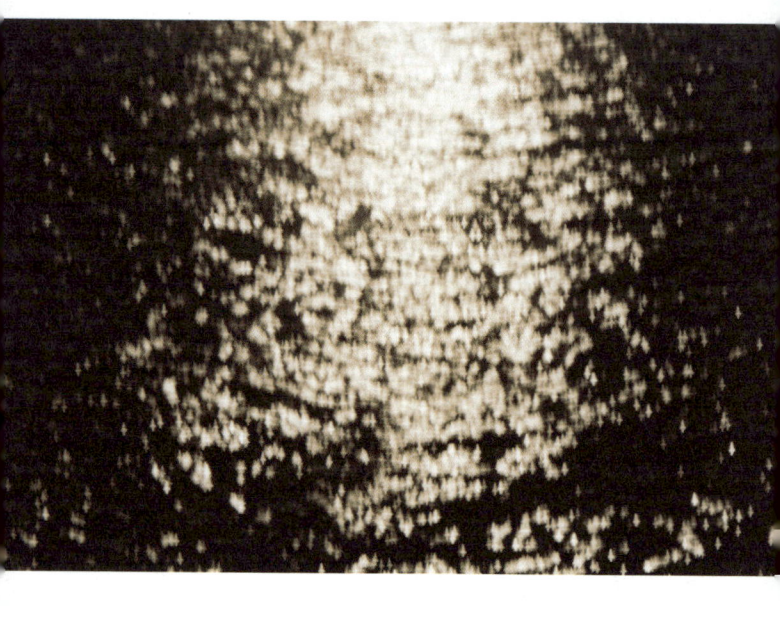

빅 샤라웃 투 나의 숙면 친구들

유혜빈
「Jazz Chill」
『밤새도록 이마를 쓰다듬는 꿈속에서』
창비, 2022

오늘은 꿈꾸지 않았으면

꿈의 길을 지나가지 않고서도
꿈이 내는 수수께끼를 풀지 않고서도
단잠의 시간에 들어갈 수 있었으면

하루에 최소 7시간 이상의 수면 시간을 확보해야 몸이 망가지지 않고 건강하게 살 수 있다고 한다. 6시간도 터무니없이 부족하다. 아인슈타인은 1년 동안 하루에 4시간만 잤다느니, 성공한 사업가들은 잠을 30분씩 분할해서 잔다느니…… 다 쓸데없는 소리다. 하루 30분 수면과 8시간 수면을 모두 겪어 본 나의 경험상 그렇다. 건장한 성인이라면 하루에 최소 7시간, 최대 8시간까지는 자야 뇌가 건강하게 하루를 수행할 수 있다고 한다(8시간을 넘어가면 어째서인지 암 발병 확률이 올라간다고 한다. 뭐 이런 까다로운 몸이 다 있는지).

나의 수면 생활은 비교적 건강한 편에 속한다. 수면의 질을 따지면 한국에서 가장 잘 자는 사람 상위 10%에는 들어갈 것이다. 수면 시간은 적어도 7시간, 주말에는 거의 9시간 넘게 잔다. 보통 밤 11시에서 12시 사이에 침대에 눕고 핸드폰을 보다가 본격적으로 자야겠다 마음먹고 눈을 감으면 20분 안에 잠든다. 새벽에 한 번도 깨지 않고 아침까지 꿈나라 행이다. 대신 꿈을 많이 꾸지만 어렸을 때부터 늘 꿈을 많이 꿔 와서, 이제는 나의 신체 특징 중 하나라고 생각하며 즐기는 중이다. 손가락이 길다, 키가 작다처럼 그냥 나라는 사람을 구성하는 요소라고 생각한다. 꿈을 세 가지 정도 꾸고 나면 어느새 아침이 된다. 기상하는 일은 늘 곤욕이지만, 딱히 불평을 표할 정도의 고됨을 느끼지는 않는다. 7시간이나 잤는데 불평할 일이 뭐가 있을까.

하지만 이런 나도 잠에 들지 못해 눈물 흘리던 날이 있었다. 비유가 아니고 실제로 종종 혼자 울었다, 이렇게까지 잠을 못 잘 수 있나 싶어서. 당시의 나는 반대로 한국에서 가장 못 자는 사람 상위 10%에는 들었을 것이다. 핸드폰을 덮어 놓고 눈을 감아도 잠에 들 수 없었다. 심장이 쿵쾅거리는 소리부터 아날로그 시계의 초침 소리까지 나의 숙면을 열심히 방해했다. 정말 못 자는 날에는 밤을 꼬박 새우기도 했다. 아무 이유 없이 그저 잠이 안 오기 때문에. 충혈된 두 눈으로 회사에 출근하면 당연히 일도 손에 잡히지 않았고, 어떤 날에는 결국 반차를 쓰고 퇴근해 밀린 잠을 청하기도 했다. 매일 밤이 찾아올 때마다 두려웠다. 오늘은 잠들기까지 얼마나 걸릴까? 또 얼마큼의 정적과 고통을 인내해야 아침이 올까? 이런 나의 몸을 저주하면서 중얼거렸다.

잠들지 못하는 밤은 유독 길다. 영원히 끝나지 않을 듯한 시퍼런 어둠과 고요한 새벽이 등을 보이고 있다. 새벽의 어깨를 주무르고 등을 긁어 주면 아침이 올까? 땅거미 내린 고속도로 위에 알몸으로 덩그러니 남겨진 느낌이 강하게 들며 당장이라도 꿈의 싱크홀 속으로 빠지고 싶은 마음을 거부하기 어렵다. 억울한 마음에 아무도 듣지 못하는 비명을 질러 보기도 했다. 너무 외로워서 나조차도 듣지 못하는 비명을. 그러다 동이 트면 모든 것에 해탈하고 '어차피 못 잘 거, 출근이라도 일찍 하자'라며 자포자기한다. 지금 이 글을 쓰면서도 당시의 불면증을 떠올리니 괜히 눈시울이 붉어진다.

그렇기 때문에 요즘 나의 삶에 압도적으로 감사하다. 미친듯이 잠들지 못했던 날들이 있었기에 현재의 소중함을 절실히 알게 되었다. 한국인의 약 15%~20%가 만성 불면증을 겪고 있다고 한다. 이 책을 읽는 당신도 과거의 나처럼 불면과 싸우고 있다면 너무 깊이 생각하지 말기를 바란다. 최선을 다해 멍을 때려 보라고 말해 주고 싶다. 깨어 있을 때 열심히 사는 만큼 잠들 때는 최대한 대충 산다는 마음으로 임해야 한다. 이 지면을 빌려 전할 수 있는 정보는 고작 이 정도뿐이다. 멍 때리며 뇌 비우기……. 최근에 SNS 알고리즘에 뜬 수면 관련 영상에서 한 수면 전문가가 말하기를, 뇌의 위치를 뒤로 두는 노력이 필요하다던데……. 쉽게 말하면 '멍 때리기'라고 한다. 어쩌다 보니 수면 전문가의 검증까지 받은 나의 수면법, 여러분도 꼭 시도해 보기를.

마지막 인사로 나의 숙면을 도와준 모두에게 감사의 말씀을 올리려고 한다.

고마워, 시야.
땡큐, 마그네슘.
너의 공이 커, 오늘의집에서 2만 8천 원에 산 호텔 숙면 베개.
잊지 않을게, 멜라토닌……
피스 아웃.

시를 믿어

닫는 말

사랑은 즐거워

시는 대단해

배동훈

어려서부터 나는 뭐든 꾸준히 하는 것에 재능이 있었다. 꾸준히 하는 일에 재능까지 필요해?라고 반문할 수도 있지만 워워, 우선 내 생각을 들어 보라. 무언가를 '잘'하는 것보다 '꾸준히' 하는 것이 더 중요하다는 사실은 많이들 알지만 제대로 실천하는 것에 어려움을 느끼곤 한다. 우선 이것이 중요한 이유는 분명하다. 잘하는 것은 재능의 영역인데, 재능은 후천적인 노력으로 획득할 수 없기 때문이다. 그러나 꾸준함이라는 가치는 후천적이고, 동시에 모두에게 공평하다. 태어날 때부터 꾸준함을 갖고 태어나는 사람은 없다. 하지만 자아를 갖고 기억이 시작되는 유년 시절의 어린아이부터 백발의 노인이 되기까지, 그 어떤 순간 속에서도 꾸준함은 선명하게 발현될 수 있다. 내가 과거부터 지금까지 꾸준하게 하는 일이 있다면, 그 최초의 순간을 떠올려 보자. 어떤가? 생각이 쉽사리 나지 않을 수 있다. 당연한 일이다. 왜냐하면 모든 꾸준함의 역사는 보잘것없을 만큼 조용히 시작되기 때문이다.

나의 꾸준함의 대상은 정말 많다. 초등학생 때부터 그림 그리는 것을 좋아해 디자인과에 입학한 뒤 현재에 이르러 포엠매거진의 모든 콘텐츠를 혼자서 디자인하고 있고, 달리기는 몸이 아파 잠시 쉬는 한이 있더라도 매달 50킬로미터 이상은 뛴다. 10년 동안 나의 든든한 친구가 되어 준 시는 두말할 것도 없다. 그중에서 내가 가장 꾸준히 하는 일이 있는데, 그것은 바로 사랑이다. 연인, 가족, 친구, 날씨, 계절, 고구마, 가사, 소주, 카메라, 강아지, 도자기, 늦잠…… 대상이 무엇이 되었든 나는 무언가를 꾸준히 사랑했다. 이 사랑의 방식은 내 나이만큼, 아니 어쩌면 내가 태어나기 전부터 부모님의 사랑을 이어받은 것일지도 모르니 내 나이보다 많을 수 있다. 이토록 꾸준히 사랑할 수 있었던 이유는 오직 하나다. 사랑은 언제나 즐거웠기 때문이다.
사랑은 늘 즐겁기만 하다. 사랑에 배신당해 아파하던 그 순간마저 돌이켜 보면 즐겁고 각별한 과정이었다. 사랑은 즐겁지만, 사랑하지 않을 때도 다가올 사랑의 즐거움을 기대하는 어린아이가 되곤 했다. 사랑하는 대상의 꿈을 꾼 다음날 아침이면 기상과 동시에 쿵쾅거리는 심장을 주체할 수 없었다. 당장이라도 '너의 꿈을 꿨어'라고 말해 주고 싶었다. 마음에 사랑이 너무 넘쳐서 창문을 열고 동네가 떠나가라 소리를 지르고 싶던 날도 숱했다. 사랑은 그런 속성이 있으니까. 있으면 나누고 싶고, 나누면 즐거운 사람이 한 명에서 두 명으로, 두 명이 네 명으로, 네 명은 여덟 명으로 늘어난다. 사랑은 퍼질 줄만 아는 웃음이다.

이토록 넘치는 사랑을 알게 해 준 범인은 누가 봐도 시다. 시가 아니면 이럴 길이 없다. 삶에 시가 개입한 이후로 나는 누구보다 사랑을 이해하고 시를 온전히 믿을 수 있게 되었다. 가만히 침대에 누워 있다가도 시를 믿고, 비 오는 날 웅덩이를 피하면서도 시를 믿었다. 눈이 내리지 않는 겨울에도 시를 믿고, 츠케멘을 처음 먹으면서도 시를 믿었다. 외국에서 모르는 사람들과 술잔을 부딪칠 때, 요아정을 시키면서, 한여름 그늘 아래를 지나가며 내게만 마련된 서늘함을 느낄 때, 고양이 밥을 주고, 달리기를 하면서, 오래 잠에 들지 못하면서, 누군가를 죽이고 싶어 하다가 곧잘 용서하고 동정에 빠지면서, 물을 끓이다가, 다시 얼리다가, 투명한 사랑을 즐기면서…… 언제나 시를 믿었다. 나의 무한한 사랑을 가능케 한 시를 전적으로 믿는다.

그러니 아무리 생각해도 이 책의 제목을 지으려 마음먹었을 때 떠오르는 말은 하나뿐이었다.

사랑은 즐거워.
시는 대단해.

사랑은 즐거워 시는 대단해

초판 1쇄 발행   2025년 8월 6일

지은이	배동훈
펴낸이	박영미
펴낸곳	포르체

기획	민재영
책임편집	이경미
마케팅	정은주 민재영
디자인	황규성

출판신고	2020년 7월 20일 제2020-000103호
전화	02-6083-0128
팩스	02-6008-0126
이메일	porchetogo@gmail.com
인스타그램	porche_book

ⓒ배동훈(저작권자와 맺은 특약에 따라 검인을 생략합니다.)
ISBN 979-11-94634-39-3 (03810)

- 이 책은 저작권법에 따라 보호받는 저작물이므로 무단전재와 무단복제를 금지하며, 이 책 내용의 전부 또는 일부를 이용하려면 반드시 저작권자와 포르체의 서면 동의를 받아야 합니다.
- 이 책의 국립중앙도서관 출판시도서목록은 서지정보유통지원시스템 홈페이지(http://seoji.nl.go.kr)와 국가자료공동 목록시스템(http://www.nl.go.kr/kolisnet)에서 이용하실 수 있습니다.
- 잘못된 책은 구입하신 서점에서 바꿔드립니다.
- 책값은 뒤표지에 있습니다.

여러분의 소중한 원고를 보내주세요.
porchetogo@gmail.com